台灣easy go 02

發現

台灣古蹟

黃柏勳 著

U0082695

序

發現台灣古蹟這本著作，依然秉持個人對台灣本土文化熱愛與關懷角度，一步一腳印，尋訪台灣鄉陬僻壞間，隱藏的珍貴文化史蹟，踏實的進行攝影創作，只希望忠實保留完美的古蹟風華，這自然又是一份不輕鬆任務，單就南北奔波工作，餐風露宿，加上天候因素，資訊誤差，亦有部分古蹟經不起歲月摧殘傾倒…等不利因素，讓本書製作增添了它的複雜與困難度，製作時間更累積長達二年。

探訪歷程更遭遇了不少驚險和啼笑皆非窘境，尤其拍攝嘉義羌母寮王祖母許太夫人古墓，下山途中不解水箱為何突然破裂，差點煞車失靈，十分驚險，加以當日週休找不到零件修理，花了5小時才回到家，檢查後車輛也報銷了。

此外在台北拍攝菸酒公賣局古蹟時，還遭憲兵和警察同時圍訊，並檢查拍攝圖片，幸好近來已改為拍攝數位照片，否則後果可能難以想像，

這也是攝影紀錄者的另一種悲哀，尤其在衛星定位和攝影科技如此發達的今天，相關單位似乎有深入檢討的必要！

　　本書自創作到付梓，歷經二年歲月，如今終於看到成果，這過程雖然辛苦，果實卻是甜美，最終仍必須感謝，一路協助成長的夥伴和親友，尤其是媽媽和小孩的體諒，以及中和市橫路里長呂星輝幫忙，還有一路曾經陪同勘查的夥伴李榮全、蔡老師、美總與台中市文山社區大學「古蹟欣賞與導覽班」可愛的同學、應承順會長，和彰化縣體育總會健行登山委員會幹部群，謝謝您們！

　　本書製作內容，展現的高水準，一流編印品質，則應歸功於出版社同仁的辛苦費心，在此僅致上最誠摯的謝意！

黃柏勳

2007年5月31日

目錄
Contents

CHAPTER 2　中台灣

CHAPTER 3　南台灣

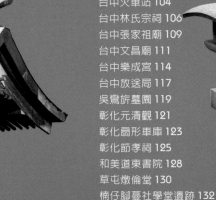

發現 台灣古蹟

　　古蹟跨越了歲月時空，它是劫後餘生產物，忠實記錄了台灣數百年來篳路藍縷的開發滄桑，亦見證了常民社會脈動與生活文化，造就了迥異的生命價值，更創造了台灣獨特的人文歷史。

　　古蹟存在，具有連結歷史，認同文化功能，它是歷史事件的真實背景和舞台，更是一個國家城市的鮮活生命，其歷史地位和價值均是唯一，深藏著珍貴且難以磨滅的文明發展密碼，自然也佔有認識台灣，研究台灣，最珍貴的史蹟地位。

　　深入欣賞古蹟之美，無妨遵循人、事、時、地、物的歷史方向進行思考，先就人文背景，取得基本認知，接著從歷史角度出發，再就整體環境或風水格局加以研究，最後自然進入古蹟核心，就本體建築的具象、外觀、結構、格局、文物、彩繪、雕飾，深入觀察研究，便能貼切完整的掌握古建築的佈局和文化精髓。

深入欣賞古蹟之美，宜就人文背景，取得基本認知，接著從歷史角度出發，再就整體環境或風水格局加以研究，最後自然進入古蹟核心價值。

簡單一張古老地圖，即蘊藏豐富的人文歷史文化。

古蹟跨越了歲月時空，它是劫後餘生產物，忠實記錄了台灣數百年來篳路藍縷的開發滄桑。

　　導引民眾親近了解古蹟，藉以提升生活情趣，是陶冶心靈的最新方向，並在欣賞之餘，豐富精緻的文化素養；首先應建立初步的認知，培養欣賞概念，同時學習認識古蹟的正確方法；

　　探索古蹟的基本方法，通常依人類感官認知機能，逐步施行，原則如下：

（1）視覺－善用視覺感受每一處古蹟之美，同時仔細觀察，由外而內，任何細微之處，皆不放過，更能享受發現的樂趣。

（2）嗅覺－古蹟年代悠遠，貼近古蹟，往往可以嗅聞到歷史散發的歲月氣息，以及內在潛藏的古老味道。

（3）心靈觸覺－通常古蹟只能遠觀，不宜動手觸摸，但是無妨運用心靈觸覺，撫觸古蹟被時間刻劃的斑駁痕跡，感受時空變化演繹的美感與驚奇。

（4）語言探索－善用語言和當地人交流，通常更易於深入了解古蹟鮮為人知的文化，有助於發現古蹟的深度之美，活化古蹟。

（5）行動－建立探索古蹟的基本認知，最重要即是付諸行動，因為唯有真正面對古蹟，才能感受真實存在的歷史，帶給你內心澎湃的驚奇和感動。

觀賞古蹟應建立初步的認知，
培養欣賞概念，同時學習認識
古蹟的正確方法。

　　建立親近古蹟初步認知，仍應遵循完整的規範和守則，才能讓自己更貼近古蹟，同時輕鬆融入美麗的古蹟世界之中。

　　親近古蹟的基本規範，即是尊重與公德心，通常碩果僅存的古蹟，皆飽經嚴酷的風霜歲月洗禮，結構十分脆弱，自然難以承受訪客無知的摧殘，唯有真心的愛護珍惜與尊重，才能延續古蹟生命，同時讓主人更願意熱誠提供深入的文化資訊，讓訪古之旅，更為繽紛。

　　了解古蹟，首重用心，應隨時懷抱好奇心和學習心，仔細觀察，用心欣賞，學習先民的生活智慧，領略不同時代價值，必能為自己探索文明寶藏之旅，創造更為豐碩成果。

古蹟存在，具有連結歷史，認同文化功能，深藏著珍貴且難以磨滅的文明發展密碼。

遵循完整的規範和守則，才能讓自己更貼近古蹟，同時輕鬆融入美麗的古蹟世界之中。

就本體建築的具象、外觀、結構、格局、文物、彩繪、雕飾，深入觀察研究，便能貼切完整的掌握古建築的佈局和文化精髓。

發現台灣古蹟

北部篇

台北府城北門

台北府城北門，又名承恩門，為台灣罕見
碉堡式防禦型城樓。

```
等　　　級：一級古蹟
創建年代：光緒8年（1882年）
古蹟位置：台北市中正區忠孝
　　　　　西路、博愛路路口
```

　　台北府城北門，初始肇建於光緒5年，由知府陳星聚負責規劃督造，卻因地質環境不穩，致工程延宕，經劉璈聘請風水師調整方位，修訂範圍後，於清光緒8年（1882年）元月，正式興工，光緒10年歲末竣工，歷時近三年，花費庫銀42萬餘兩，成為台灣最後一座中式傳統城池。

承恩門為清代僅存完整的台北古城遺蹟。

　　台北城為台灣唯一擁有方整城形的清代古城，城周一千五百餘丈，設有東門（景福門）、西門（寶成門）、南門（麗正門）、北門（承恩門）、小南門（重熙門），共五座城門，和傳統四或八座城門的格局，亦大相逕庭。

　　台北府城命運舛互，日據明治33年（1900年），首拆西門和部分城牆，以拓建街肆道路，台灣光復後，民國54年則大幅修整東門、南門和小南門城樓，讓原貌盡失，殘存清代古城，僅剩承恩門，卻又被高架道路緊緊夾峙，處境尷尬危急，幸好文化古蹟保存意識提升，始幸運讓此珍貴遺蹟，保留下來。

　　台北古城北門，又名承恩門，位於城牆西北端，緊鄰昔日淡水河畔接官亭與大稻埕碼頭，為碉堡式防禦型傳統城樓結構，曾築方形外郭

城門座石條，依一縱一橫方式逐層砌築，十分堅固。

北門被都市高樓大廈和高架道路緊緊夾峙，處境尷尬。

「嚴疆鎖鑰」為台北府城北門，方形外郭甕城的門額題區。

小南門（重熙門）位置在愛國西路和延平南路口，高架橋下，處境窘迫。

南門（麗正門）位於林蔭大道的愛國西路和公園路口，景緻清爽。

甕城，門額題：「巖疆鎖鑰」此碑一度淪為總督府官邸內的庭園礎石，隨後移置228公園碑林，近年這方歷盡滄桑的甕城額碑，終於重回北門懷抱，陳列於古蹟前方，展示它不朽的價值。

承恩門採磚、石、木樑結構，為出入府城孔道，以內外大小兩道石拱圈，以及中央裝設城門的一段平頂組成，同時在厚實城門板外側，釘上鐵片，以防止火攻，擁有重要的防禦能力。

上層為城門樓，外觀封閉，祇留小型窗孔，以及拱狀出入通道，門樓採磚牆、木樑結構，屋頂為歇山單簷三川脊形式，主脊燕尾曲線柔和，造形典雅，獨具中國傳統風味，早已成為當地重要地標。

🚗 交通資料：

下國道1號重慶北路交流道，抵忠孝西路，右轉高架道路旁公路，約一百公尺，抵博愛路和延平南路口的承恩門。

東門（景福門）位於凱達格蘭大道和中山南路口

南門（麗正門）位於愛國西路和公園路口

小南門（重熙門）位於愛國西路和延平南路口

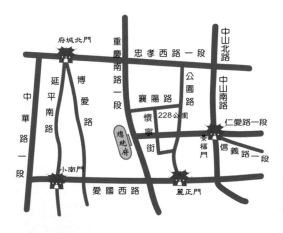

在厚實城門板外側，釘上鐵片，主要目的為防止火攻。

東門（景福門）座落在凱達格蘭大道和中山南路口，重修後已原貌盡失。

國立台灣博物館

發現台灣古蹟 Taiwan easy go

等　　級：國定古蹟
創建年代：明治41年（1908年）
古蹟位置：台北市中正區襄陽路2號

國立台灣博物館巍峨座落228紀念公園西隅，外觀宏偉，建築形式融合十七世紀文藝復興時期巴洛克樣式古典風格，裝飾華麗典雅，為台灣第一座自然史博物館。

大廳天花板，鑲飾圓形圖紋透光彩色玻璃，散發出富麗堂皇且典雅氣息。

1
2
3

1.大門頂端三角形山頭和簷口飾帶，綴飾繁複的巴洛克式圖案，豪華氣派。
2.博物館館四周，環繞造形簡潔的古希臘多立克式柱群，強化了視覺意像。
3.博物館建築形式融合十七世紀文藝復興時期，巴洛克古典風格，十分獨特。

博物館創建於明治41年（1908年），但館舍工程於大正4年（1915年），始全部落成啟用，其前身為「台灣總督府民政部殖產局附屬博物館」，建館主要係紀念當時台灣總督兒玉源太郎與民政局後藤新平長官而建，為台灣近代極具代表性的西洋古典風格建築。

外觀採用古希臘、羅馬常見建築元素，立面對稱嚴謹，臺基厚實，館身環繞造形簡潔的多立克式柱群，大門頂端三角形山頭和簷口飾帶，則綴飾有繁複的巴洛克式圖案，全館採用白色主調，以展現仿石材效果，尤其中央穹窿

館內牆身，浮塑繽紛的藻飾圖案，強化了後現代的古典韻味。

館內典藏的史前石器，為台灣早年開發史，具代表性的生活器具。

12

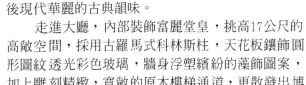

大廳的挑高空間，採用古羅馬式科林斯柱，更顯得氣派非凡。

雕刻精緻且寬敞的原木樓梯，散發出博物館氣派豪華的誘人氣息。

博館庭院入口，蹲置精雕銅牛，為圓山神社遺物，具有珍貴歷史意義。

圓形屋頂更為整棟建物，強化了視覺意像，增添了後現代華麗的古典韻味。

走進大廳，內部裝飾富麗堂皇，挑高17公尺的高敞空間，採用古羅馬式科林斯柱，天花板鑲飾圓形圖紋透光彩色玻璃，牆身浮塑繽紛的藻飾圖案，加上雕刻精緻、寬敞的原木樓梯通道，更散發出博物館氣派豪華的誘人氣息。

館內蒐藏了無數珍貴的台灣發展史料，與自然人文典藏，文化氣息濃郁，是深入探索台灣文化，重要的資料庫之一；此外博館庭院入口，兩側蹲置的精雕銅牛，為日治時期，圓山神社遺物，亦具有珍貴歷史意義。

館旁公園內，典藏的石器、碑林、古砲、牌坊以及古老的騰雲號火車頭，均為台灣早年開發史的代表性文物，值得細心欣賞。

【國立台灣博物館】

13

交通資料：
下國道1號重慶北路交流道，經忠孝西路，抵重慶南路一段，轉入襄陽路。

自來水博物館

建物入口，採巴洛克式複合山牆，搭配古典併柱，以及歐風圓頂，風華無限。

巴洛克式典雅建築，早已成為婚紗攝影浪漫寫真的絕佳場地。

館內透空的連續拱形門牆，讓底層層巨大黝黑的抽水機具，一覽無遺。

等級：	三級古蹟
創建年代：	明治41年（1908年）
古蹟位置：	台北市中正區思源路1號

　　自來水博物館，原為台北水源地唧筒室，擁有台灣現存年代較早的文藝復興古典樣式建築，亦是國內罕見的產業類三級古蹟，極為珍貴而獨特。

　　清光緒5年台北建城，一舉帶動了大稻埕、艋舺、石坊街繁榮，人口急遽增加，自然擴大了用水需求；尤其乙未年後，日本入侵，更大興土木，進行首都生活環境規劃，1907年台灣總督府採納英國工程師威廉巴爾頓建議，設立配水供應系統，這也是國內自來水事業發展的濫觴。

　　博物館座落於公館附近的觀音山麓，創建於1908年，取水口設置新店溪右岸，首期工程包括唧筒室、取水口於年底落成；隔年淨水場、配水池和輸配管路相繼完工通水，屬於慢濾式供水系統，出水量2萬噸，為首都居民提供了安全便利的用水環境。

　　水源地唧筒室建築，由台灣總督府營繕課野村一郎設計，採中軸對稱立面元素，外觀弧形，具流線美感，柱廊裝飾華麗，屬希臘愛奧尼柱式，風格典雅；入口設於建物兩端，三角形複合形態山牆，搭配古典併柱，以及巴洛克式圖案和銅片覆蓋的圓頂，風華無限，流露

以洗石子手法，製作的古希臘愛奧尼柱頭圖騰，充滿創意。

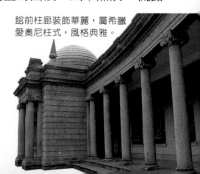

館前柱廊裝飾華麗，屬希臘愛奧尼柱式，風格典雅。

出文藝復興時期，典雅嚴謹的古典氣息，早已成爲婚紗攝影浪漫寫眞的絕佳場地。

　　館內爲高敞的鐵架結構，內部分爲上下兩層，壁面舖設大型格窗，入口通道與兩端，則設計透空的連續拱形門牆，底下巨大黝黑的抽水機具，一覽無遺，便利管控聯繫作業，目前則做爲古老機具展示空間，讓遊客可以輕鬆體驗古蹟原味風貌。

　　園區內還規劃了觀音山步道、水霧花園、管材展示、苗圃和水鄉庭園…等遊憩設施，讓遊客可以輕鬆感受水的多元文化，同時體驗互動式的親水、戲水、觀水樂趣。

館內高敞的鐵架結構，分爲上下兩層，壁面舖設大型格窗，明亮且通風。

🚗 交通資料：

（1）下國道3號安坑或新店交流道，經環河道路或北新路、接羅斯福路，抵公館轉思源街、汀州路方向轉入自來水博物館園區。

（2）搭乘新店線捷運系統，在公館站下車，自第四出口，注思源街汀州路方向轉入博物館園區。

自來水博物館，原爲台北水源地唧筒室，遊客可以感受水的多元文化。

側面入口三角形複合形態山牆，流露出文藝復興時期，典雅嚴謹的古典氣息。

羅斯福路

捷運公館站　　水源市場

思源路

自來水博物館

台北孔廟

等　　級：三級古蹟
創建年代：昭和二年（1927年）
古蹟位置：台北市大同區大龍街275號

發現台灣古蹟 Taiwan easy go

大成殿為柱廊式，前方設雲龍御路石和丹墀月台，氣勢宏偉。

　　台北孔廟為國內唯一由民間募款捐建孔子廟，也是日據時期，台灣所建規模最大的中國閩南式傳統木構建築，意義非凡。

　　台北孔廟並非原台北府城文廟，建築過程，更是一波三折，民國14年11月埋石奠基，卻遲至兩年後，才正式興工，前後耗費十餘年，於昭和14年，巍峨巨觀始全部落成。

　　孔廟由台北仕紳黃贊鈞、陳培根與辜顯榮發起肇建，同時敦聘大陸泉州惠安溪底村知名匠師王益順設計，佔地五千餘坪，建築面積一千四百坪，格局完備，形制宏偉，彩繪雕工精緻，深具傳統建築靈巧之美；尤其每年孔子誕辰釋奠祭典，隆重的六佾之舞，古樂悠揚，更傳達了儒學精深優雅的非凡意境。

　　台北孔廟格局完備，和光緒年建造的台北文廟相仿，以古建築中軸線觀察，外側為燕尾翹首，造形典雅的萬仞宮牆；入口門樓「泮宮」「黌門」，屋簷皆為繁複歇山重簷設計；禮門、義路則屬單簷歇山式門樓，高雅大方，卻也讓孔廟主從分際，一覽無遺。

　　泮池為孔廟基本格局，池上跨設古樸三孔石拱橋，橋前還刻意設計文筆柱，彰顯泮橋的獨特意義。

　　台北孔廟首進屬殿堂式櫺星門，進深較淺，朱紅色門板上綴飾108顆

雕刻精緻繁複的蟠龍柱和門枕、抱鼓石與壁堵石雕，為櫺星門石雕藝術精華。

儀門壁堵精緻的交趾陶、剪粘栩栩如生，技藝精湛，總吸引無數遊客徜徉期間。

墀頭獅精緻的剪粘，和鳳凰磬材，及花鳥紋飾，皆栩栩如生，引人注目。

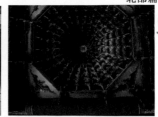

台北孔廟格局完備，外牆為
燕尾翹首，造形典雅的萬仞
宮牆。

雲龍御路石，具鯉躍龍門吉象，為
孔廟建築的基本元素。

門釘，為禮制中最大數，蘊涵著無比的崇敬之
意。

　　第二進儀門，又名大成門，係正殿主門，
面寬七開間，雕飾繁複，據說為兩組匠師對場
作精品，技藝精湛，風格獨具，總吸引無數遊
客徜徉期間。

　　台北孔廟大成殿為柱廊式，巍峨坐落高聳
的台基之上，前方設雲龍御路石和丹墀月台，
屋頂採用尊貴的歇山重簷式，簷下42根柱列環
繞，柱身都見不到詩詞題字，正面設一對龍
柱，廊下格扇木雕精巧靈秀，屋頂中央綴飾七
級小塔，翹脊燕尾旁，矗立一對蟠龍通天柱，
垂脊上面，則站著一排泥塑鴟鴞惡鳥，象徵孔
子有教無類精神，也突顯了孔廟建築的裝飾特
色。

| 1 |
| 2 |
| 3 |

1.大成殿內繁複的賜福八
卦藻井，由24組斗栱，巧
妙相疊，值得仔細品味。
2.禮門、義路屬單簷歇山
門樓，高雅大方，讓孔廟
主從分際，一覽無遺。
3.垂脊上面，站著一排泥
塑鴟鴞惡鳥，象徵孔子有
教無類精神。

　　主殿空間高敞，主祀孔子，陪祀四配12哲
神位，裝飾簡潔，素靜莊嚴，殿內中央繁複的
賜福八卦藻井，由24組斗栱，巧妙的層層相疊，橫豎交織，
朝頂心集中，卻完全採取榫頭銜接，展現高超的民俗藝術之
美，值得仔細品味。

　　大成殿旁東西廡，外觀簡雅，內部木質構架柱列，色彩
嫣紅，綿延幽深，供奉宏揚儒學功名卓著的孔子重要弟子與
歷代先賢牌位，屬於文廟建築，較為單純格局。

　　後殿崇聖祠，主祀孔子五代祖先，配祀歷代先賢先儒之
父執牌位，充分表現儒家重視宗族倫理的優良傳統，兩旁左
右耳房，則為樂器庫和禮器庫，將孔廟建築群的機能空間，
作了最完善發揮。

廡殿供奉宏揚儒學功名卓著的孔子重要弟子與歷代先賢牌位，格局單純。

主殿空間高敞，主祀孔子，裝飾簡潔且素靜莊嚴。

🚗 交通資料：

（1）下國道1號重慶北路交流道，往市區大龍峒方向，左轉酒泉街。

（2）捷運淡水線圓山站下車，步行經庫倫街約三百公尺抵孔廟。

台大醫院舊館

臺大醫院舊館巴洛克式裝飾繁複，流露出完美的設計風格。

```
等    級：市定古蹟
創建年代：大正1年（1912年）
古蹟位置：台北市中正區常德街1號
```

臺大醫院舊館原名「台北病院」，前身則為台灣病院，舊址位於大稻埕古街上，為台灣首座官方醫院，明治30年（1897年）遷移現址，隨後因空間不敷使用，遂於1912年進行改建工程，12年後規模宏大的院區，終於全部完工，啓用後也成為遠東地區屈指可數大型醫院之一。

日治時期的台北病院，因台灣衛生條件不良，曾經歷過無數死傷慘重的流行性傳染病，累積的經驗和優質院風，讓今日臺大成為國內一枝獨秀的教學醫院；昭和13年（1938年），舊館轉由台北帝國大學醫學部管轄，光復後則劃歸台灣大學醫學院附設醫院經營，雖歷經近一世紀歲月，至今依然擔負著

一樓門廊車寄採用4組仿羅馬的托次次複合式併柱，壯觀實用。

18

照顧全民醫療的神聖使命，令人感動。

臺大醫院舊館，早年隸屬總督府，館舍設計師為營繕課進藤十郎，主要建材為紅磚造，牆面綴上白色水平飾帶，巴洛克式裝飾繁複，整體外觀呈現典型的英國維多利亞鄉村風格，特別是醫院入口立面，呈左右對稱格局，一樓門廊車寄採用4組仿羅馬的托次坎複合式併柱，兩側矩形窗底下，設石欄杆，並鑲嵌勳章飾，風格簡潔。

二樓裝飾渦卷狀柱頭的愛奧尼克柱式，柱身具有凹槽線條，柱頂再加上整串葡萄裝飾，別緻大方；中央則雄峙三座落地半圓拱窗，搭配兩側方窗和牛眼窗與三道白色水平飾帶，以及洗石子欄杆，視覺流暢清爽。

三樓兩側衛塔，造型典雅精緻，方柱搭配弧形雨坡，和中央圓拱形女兒牆相互輝映；向後退縮設計的三角形山頭，裝飾繁複的瓜果雕塑牛眼窗，絢麗宏偉，立面正中央最高點，還設置一座尖塔，將整棟建築襯托得更為堂皇氣派。

進入醫院，映入眼簾的是明亮高敞的大廳，四面環繞挑高的雙層拱圈，頂端則屬弧形格子狀天花板，拱圈牆柱則仍保留日治時期遺留的雅致銅鑄燈具，營造了一份舒適輕鬆的空間氣氛，穿越四通八達的拱圈迴廊，即可聯絡各棟建築，動線規劃十分流暢，流露出完美的設計風格。

🚗 交通資料：

（1）下國道1號重慶北路交流道，注市區經忠孝西路，左轉台北車站方向，接公園路抵達德街臺大醫院。

（2）搭乘捷運新店線在臺大醫院站下車即至。

兩側衛塔造型典雅，方柱搭配弧形雨坡，和中央圓拱形女兒牆相互輝映。

大廳高敞明亮，環繞挑高拱圈迴廊，動線十分流暢，流露完美的設計風。

舊館二樓採用走廊系統，並以連續拱圈搭配鮑魚勳章飾，風格獨特。

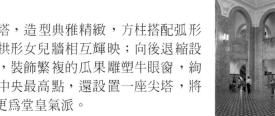

大龍峒保安宮

等　　級：二級古蹟
創建年代：嘉慶10年（1805年）
古蹟位置：台北市大同區哈密街61號

嘉慶年間罕見開口雌獅，造型高大威猛，雕工細緻，為清代中葉石雕精品。

大龍峒保安宮據說肇建於清乾隆年間，嘉慶10年（1805年），曾大規模改建，直到道光10年始全部完工，主祀同安縣分靈而來的醫神保生大帝，俗稱大道公，為福建同安人守護神，也是大龍峒地區的信仰中心。

清光緒14年保安宮再度重修，可惜乙未年後，日本統治台灣，寺廟淪為日人國語學校，且被私人佔用，以致廟宇殘破，髒亂不堪，直到大正6年（1917年）地方仕紳陳培根始倡議捐資募款，大規模增修擴建，也奠定了今日保安宮的基礎廟貌。

整建工程由板橋盛名遠播的陳應彬，與大稻埕名匠郭塔主持，以廟宇中軸為界，左右兩側分由師傅各領團隊，互相競逐爭艷，稱為「對場作」，這種彼此競爭的建築模式，豐富了保安宮藝術內涵，值得遊客仔細品味。

美輪美奐的保安宮，採用大型廟宇常用的回字形三殿式格局，由前殿、後殿、鐘鼓樓和東西兩護龍，形成口字形封閉空間，再讓台基高突的正殿獨

殿後走馬廊，置日治年代巨大古鐘，表面還浮鑄武場人物圖案，極為罕見。

保安宮每當夜晚華燈初上，五光十色燈光，更增添璀璨風華。

神龕木雕精緻華麗，高懸道光年匾額和廈郊木聯，古色古香，人文色彩豐富。

正殿以鑲金吉祥圖案格扇為屏，信徒只能隔腰門參拜，增添神廟威嚴尊崇。

立居中，以襯托主神的尊崇與地位。

前殿面寬五開間，屋頂採複合式「假四垂」型態，亦即將歇山頂架騎在硬山頂的變化設計，以增加尊貴華麗之風，也是板橋著名漳派棟架師傅陳應彬的拿手絕活，尤其簷下棟架用材粗壯，疊斗、束隨彩飾繁複，瓜筒則以渾圓飽滿金瓜形綴飾，整體結構緊密厚實，穩重大方。

前步口立面，以樸拙的石雕最具特色，尤其鎮守廟門的嘉慶年間一對開口石獅，造型高大威猛，雕工細緻，為清代中葉石雕精品；此外罕見圓形賜福螭虎團爐石雕窗，運用四片石板組合，雕工細膩，八隻可愛小螭虎，線條分明，活潑生動，引人注目，也都是欣賞重點。

保安宮木雕彩繪更是精彩繽紛，仔細觀察左右兩側步口通樑、員光、獅座、豎材、插角、垂花雕飾，無論佈局，題材雕工，互有擅長，繁複精緻，情境多變，引人入勝。

正殿採尊貴的重簷歇山屋脊，面寬五開間，基座抬昇，四周走馬廊，柱列環繞，壁面彩繪構圖嚴謹，精彩生動，為台南彩繪名師潘麗水得意作品，值得仔細欣賞，殿後走馬廊，置日治年代巨大古鐘，表面還浮鑄武場人物圖案，極為罕見。

殿前設月台，正面兩對龍柱，亦屬罕見佈局，入口處則以鑲金細琢的瓜果、八寶配以螭虎團爐窗建構的精雕格扇和劍柵腰門圍護，信徒只能隔門參拜，增添神廟的威嚴尊崇。

神龕木雕精緻華麗，頂端高懸道光八年「道濟群生」「高明配天」匾額，兩側並有光緒元年由廈郊金同順敬獻木聯，古色古香，人文色彩豐富。

後殿和兩側護龍，建築規劃亦即具特色，尤其護龍每座窗櫺，風格造型迥異，十分典雅精緻，每當夜晚華燈初上，五光十色燈光，更為保安宮增添璀璨風華。

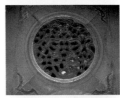

1：「對場作」建築模式，豐富了保安宮雕飾藝術內涵，值得遊客仔細品味。

2：嘉慶年間罕見賜福螭虎團爐石雕窗，運用四片石板組合，雕工細膩生動。

3：護龍每座窗櫺，風格造型迥異，十分典雅精緻。

4：金碧輝煌的藥龍賜福團爐格扇窗，構圖嚴謹，精彩生動。

🚗 交通資料：
（1）下國道1號重慶北路交流道，注市區大龍峒方向，左轉酒泉街。
（2）捷運淡水線圓山站下車，步行經庫倫街、孔廟，抵保安宮。

急公好義坊

等　　級：三級古蹟
創建年代：光緒14年（1888年）
古蹟位置：台北市中正區公園路
　　　　　228紀念公園內

坊前大石獅，是清代「台北府衙」門前獅，也是台北府的歷史見證。

「急公好義坊」是台北市難得一見彰顯義舉的古老牌坊。

　　「急公好義坊」創設於清光緒14年（1888年），黝黑古樸的石質牌坊，巍峨矗立於懷寧街側門附近的露天音樂台邊，是台北市難得一見彰顯義舉的古老牌坊，已被列為國家3級古蹟保護。

　　清光緒5年〈1879年〉，台北研議建城，礙於以往北台灣讀書人，必須長途跋涉，遠赴台南應試，非常不便；艋舺富商洪騰雲於是捐資獻地建造「考棚」，一舉解決了北部學子多年來南北奔波之苦。

　　為了褒揚洪騰雲樂善好施的義行，劉銘傳奏准朝廷為他設立牌坊，遂在光緒14年在西門內石坊街，興建這座急公好義坊，「石坊街」也因此得名；清代「石坊街」便是今日的衡陽路，屬

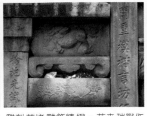

石坊「聖旨牌」下方，勁書「急公好義」，四周雕飾，亦極為精美豐富。

雕刻花堵雕飾精緻，花卉瑞獸作品，細膩寫意。

夾柱石具有穩定柱身作用，是興建牌坊的重要構件。

清末劉銘傳開闢的數條大街之一，早年街道兩旁商店雲集，路面由石板和鵝卵石交錯鋪成，堅固耐用，宏偉巨大的石牌坊，便豎立在街道中央，成為當地著名地標。

急公好義坊遺址，位在今日重慶南路和衡陽路交岔口，明治38年（1905年），台北實施市區改正，為了拓寬馬路，於是將橫立街上的石坊，遷移到新公園〈今二二八和平公園〉內，兩側街屋則改建為歐風式樣建築，成為日本治台時期台北最繁華的地區之一。

急公好義坊採用砂岩石材搭建，渾厚樸拙，屬於4柱3間3樓式，頂端正中央原立有「聖旨牌」，可惜現在只剩底座；兩端護簷略為起翹，線條優雅，為石坊增添一份尊貴和諧之美；「聖旨牌」下方，正中央兩面勁書「急公好義」四個大字石匾，橫額事蹟坊下則鏤刻著建坊緣由，以及題字的府衙官員名銜，每根石柱楹聯，均為歌詠洪氏義舉事蹟的美言佳句，令人感動。

牌坊上雕刻花堵鑲飾，亦極為精美豐富，內容包括四季花卉、人物、龍鳳、麒麟等，深浮雕和淺雕作品，值得仔細欣賞。

石柱楹聯，均為歌詠洪氏義舉事蹟的美言佳句，令人感動。

此外值得留意的是急公好義坊前，座落一大一小2對石獅，其中大石獅是清代「台北府衙」唯一的歷史見證，左邊雄獅腳踩繡球，右為雌獅則逗弄小獅，造形線條雕刻得十分靈活生動，是相當傑出而珍貴的清代石雕精品。

🚗 交通資料：

（1）下國道1號重慶北路交流道，注市區經忠孝西路，左轉台北車站方向，接公園路抵228紀念公園。

（2）搭乘捷運新店線在臺大醫院站下車，轉入228紀念公園。

艋舺龍山寺

發現台灣古蹟
Taiwan easy go

等　　級：二級古蹟
創建年代：清乾隆3年（1738年）
古蹟位置：台北市萬華區廣州街
　　　　　211號

龍山寺，建築恢弘華麗，為早年台北市三大名刹之一。

龍山寺早年和艋舺清水巖寺，及大龍峒保安宮鼎足而立，並稱台北市三大名刹，佔地廣闊，建築恢弘華麗，總吸引許多中外遊客，前往參觀。

艋舺早在清朝初葉，受淡水河舟楫之利，就成為沿岸重要碼頭，直到康熙末年，來自漳泉墾戶，因經常穿越險惡黑水溝，往來此地和平埔族原住民交易，自然逐漸形成市集，當地晉江、惠安、南安三邑居民為了祈神庇祐，於是回泉州晉江安海龍山寺，恭請觀世音菩薩分靈來台，並著手建廟，期間歷經嘉慶、同治、光緒年間數次嚴重天災人禍，以及民國8年嚴重白蟻蛀蝕之禍，屢次增修，才終於奠定今日廟貌基礎。

艋舺龍山寺，由當地鄉紳黃典謨捐資倡議，創建於清乾隆3年（1738年），二年後完工，不僅成為三邑居民信仰中心，和民眾生活更是密不可分，舉凡居民議事、糾紛、疑難、問卜或飲食、市集，均仰賴龍山寺提供公信力，以及因龐大人潮創造的生活需求與安定力量。

日本治台後，龍山寺部分空間淪為公學校分教場，以及公務機構臨時辦公廳舍；大正八年（1919年），殿宇老舊，蟻害嚴重，住持福智法師，率先捐出畢生積蓄，倡議修建，並返鄉聘請泉州惠安溪底村大木名師王益順主

三川殿前方，雕鑄一對黝黑蟠龍銅柱，為台灣罕見精品銅雕龍柱。

前殿氣勢開闊，讓人驚艷，屬於龍山寺門面，裝飾藝術水準極高。

殿內高懸的螺旋藻井，全以斗栱疊砌而成，極富韻律且動感十足。

護龍前方鐘鼓樓，採獨特的塔狀六角形三重簷設計，引人入勝。

持，當時搭配匠師，均為一時之選，也奠定了今日龍山寺藝術殿堂地位。

龍山寺據說坐落於「美人穴」，廟宇面積一千八百餘坪，坐北朝南，原為日字形三進四合院格局，1919年重建後，已成為今日回字形龍山寺整體建築以宏偉的正殿為中心，四周環繞前殿、後殿、左右護龍，以及鐘鼓樓，塑造了一處暮鼓晨鐘梵音悠揚的清淨空間。

龍山寺整體建築以宏偉的正殿為中心，信徒熙來攘往，十分熱鬧。

前殿分為三川殿、龍門廳和虎門廳，屋頂採複合式升庵設計，以增加華麗感，三川殿前方設一對黝黑蟠龍銅柱，為台灣罕見精品，此外正面牆堵多由花崗石和青斗石混合雕鑿組砌而成，作品應用水磨沉花、浮雕、透雕、剔地起突法、陰雕等，不同工法，展現石雕線條優美質感，正面牆身的八卦窗和螭虎團爐作品，以及龍、虎門樓捲書階、櫃檯腳獨特雕刻題材，均為上選之作，值得細細品味。

後殿融合了和民眾生活息息相關儒、道教神祇，以滿足信徒的祈福需求。

正殿面寬五開間，台基昇高，前方設丹墀月台，屋頂採尊貴華麗的歇山重簷式，四面走馬廊，運用42根石柱環繞構成，殿外牆堵保留多幅書法名家石刻作品，線條俐落，文筆飛揚，藝術價值極高；殿內中央高懸的螺旋藻井，全以斗栱疊砌而成，極富韻律且動感十足，尤其雙龍護塔神龕，雕工細膩精緻，配以多方珍貴匾額楹聯，與木雕彩繪，堂皇富麗風采，更加引人入勝。

前殿名家木雕作品，線條俐落，刀工細膩，極富藝術價值。

後殿融合了儒、道教神祇，中殿為天上聖母殿，左翼殿奉祀文昌帝君，右翼殿則為關聖帝君殿，附祀有三官大帝、註生娘娘、城隍爺、水仙尊王、月下老人…等，和民眾生活息息相關神祇，以滿足信徒的祈福需求。

整體而言龍山寺，無論木雕或石刻、泥塑、彩繪、剪粘藝術表現，充分流露極致的匠藝精華，值得細細品味。

正殿雙龍護塔神龕，雕工精緻，並配掛多面珍貴匾額楹聯，風采絢麗。

交通資料：
（1）下國道1號五股高架道路環北交流道，轉環河快速道路，
涌注西門町方向，轉康定路南下，經廣州街抵龍山寺。
（2）搭乘捷運土城板橋線在龍山寺站下車即至。

> 等　　級：國定古蹟
> 創建年代：大正1年（1912年）
> 古蹟位置：台北市中正區忠孝東
> 　　　　　路一段2號

台北監察院

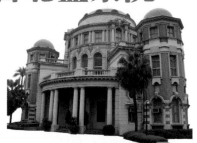

監察院建築形式融合拜占庭和希臘文藝復興式古典風格，外觀氣派華麗。

　　監察院為日治時期台北州廳新建的辦公廳舍，亦屬台灣三大州廳之一，創建於大正1年（1912年），地理位置坐落在清代台北城外東北角空地，歷時三年始建造完成。

　　日治時期，台北地區原設台北縣，1901年改隸台北廳，並以清末台北城府衙為辦公地點；1912年，台北、台中、台南三廳，同時規劃興建新的辦公廳舍，1920年全台再度調整為五州二廳，台北廳復改為台北州，管轄範圍包括今天的台北縣市、宜蘭縣與基隆市等，這棟建築則更名為台北州廳，近年來，陸續依原建築形制風格，配合古蹟

監察院，壁面裝飾十分豐富，紅白相間的帶飾，結合花綵紋飾，美觀大方。

監察院，原屬日治時期台北州廳新建辦公廳舍，亦屬台灣三大州廳。

二樓陽台上方，設計為仿石拱窗與勳章飾，並搭配托次坎柱，外觀典雅。

鮑魚勳章飾，為巴洛克式風格，常見雕飾。

設計，於後側增建大樓，除維護了原建築的完整性，也建構成為今日巍峨氣派外觀。

　　台灣光復後，國民政府接收，暫時充作省政府衛生處與教育廳辦公使用。1948年，監察院在台灣正式設立，十年後遷入這棟宏偉建築，成為我國最高監察機關所在地。

　　監察院正好位於中山南、北路和忠孝東、西路交會處，兩面臨街，外觀十分氣派華麗，非常醒目，建築形式融合法國、拜占庭，和希臘文藝復興式古典風格，建築師為日治時期台灣著名的官署設計專家森山松之助，自然成為國內及具代表性的官署建築。

　　監察院主體採用磚木結構，正面中央門樓高敞宏偉，主入口處以弧狀向外突出，一樓門廊豎立六根希臘托次坎圓柱，外觀設計為仿石砌的古典風格，搭配上方小陽台和拱形窗與勳章飾，三樓再以左右兩側繁複獨特的破山牆裝飾，立面頂端則以仿拜占庭圓盤頂，強化外觀意象變化。

　　以主建築中央為軸心，向兩側延伸，分別建置了圓頂八角形衛塔和仿法式平頂角樓，外觀參差錯落，造型迥異，壁面裝飾十分豐富，紅白相間的帶飾，破山頭、老虎窗、柯林斯方體柱飾、牛眼窗、勳章飾、圓形山牆、花草紋飾等。更增添整體建築的宏偉氣勢，值得仔細品味。

交通資料：
（1）下國道1號重慶北路交流道，注市區方向，抵忠孝西路左轉，注台北車站方向，接中山北路口監察院區。
（2）搭乘捷運在臺北車站下車，注忠孝東路方向步行約5分鐘即至。

監察院牆身以花綵彩帶纏繞的花綵紋飾，外觀華麗。

艋舺清水巖寺

發現台灣古蹟 Taiwan easy go

艋舺祖師廟，是台灣清水祖師信仰中最古老的寺廟。

等　　級：三級古蹟

創建年代：乾隆52年（1787年）

古蹟位置：台北市萬華區康定路81號

據「彰化縣志」指出，「巖」原指依山而建的寺廟，台灣著名清水巖寺，共有三座，分別位於艋舺、社頭、林園，皆是源自清代古廟，其中唯有艋舺祖師廟座落平坦街坊，因沿用了安溪原鄉祖廟的名稱，而稱清水巖，是台灣清水祖師信仰中最古老的寺廟。

艋舺清水祖師，又稱落鼻祖師，或烏面祖師，相傳民間面臨嚴重災厄之前，祖師爺會落鼻示警，神蹟顯化，令人嘖嘖稱奇，自然聲名遠播，也衍生一場和淡水祖師廟的神像之爭。

正殿高懸光緒皇帝御賜「功資拯濟」和「即是清水」古匾，為廟內珍貴文物。

艋舺祖師廟草創於清乾隆52年（1787年），係泉州安溪移民分靈自家鄉守護神清水祖師，來台奉祀，嘉慶22年（1817年）古廟因蒙受暴風雨侵害，廟身受損而首度由富商翁有來捐款重建。

咸豐3年（1853年）艋舺發生北台灣歷年來影響最大的「頂下郊拼」械鬥事件，當時淡水河沿岸三邑人為主的「頂郊」，與八甲庄同安人的「下郊」，因經濟利益爆發嚴重衝突，造成同安人遠走大稻埕另謀發展，不幸隨著戰火延燒，清水巖祖師廟，也遭波及，廟宇幾乎毀於一旦，直到同治6年（1867年）才予以重建。

柱身鐫刻詩詞的多角形石柱，亦屬寺廟內罕見結構元素。

日治時期，祖師廟先後被充任國語學校第二附屬學校及台北州立第二中學校（成功高中前身）。直到昭和15年祀奉媽祖的第三進又不幸遭逢祝融肆虐，接著1971

廟後典雅格扇門，由3對顛倒夔龍組合，極為獨特。

祖師廟格局方正，員光通樑彩繪裝飾極為精緻絢麗。

虎堵石雕可愛的舐犢情深畫面，完整保留了清代拙樸藝術風格，令人動容。

年又因道路拓寬，右護室部份再度面臨拆除厄運，破壞了傳統建築左右對稱的嚴謹格局。

　　祖師廟，為台北市唯一，仍保存清代同治年間寺廟原貌的古老建築，坐東向西，原為「三殿兩廊兩護」規模。

　　前殿採用三川式屋頂結構，中央運用雙層西施脊，使原本樸實的古廟增添了不少華麗風貌。前殿步口廊，為全寺門面，自然也是裝飾重點，在這裡可以欣賞許多嘉慶及同治年間落款的精緻石雕，尤其牆身賜福八卦螭虎團窗，與對看垛嘉慶年間由信女陳門李氏和黃氏敬獻大幅細膩的古磚雕，和龍虎堵石雕可愛的舐犢情深畫面，完整保留了清代拙樸的藝術風格，令人動容。

　　此外高大蟠龍柱及賜福八卦夔龍人物窗，和交趾陶泥塑，皆流露不同時期的修建痕跡，就連寺廟常見墀頭獅，也換上了婀娜多資的仕女交趾陶作品，也表現清代中、晚期迥異的雕鑿彩塑風格；可惜部分作品，遭人惡意破壞，讓這處充滿清代古蹟的古廟蒙上一層陰影。

　　走進內院，中埕空間高敞，運用過水廊分隔為五個天井，增加空間層次，正殿格局方正，採用一條龍燕尾式屋脊，以示隆重，殿內抬樑式木棟架與憨番扛樑豎材獅座，及木雕斗栱、瓜筒、鰲魚雀替、束隨等，用材飽滿，彩繪裝飾極為精緻絢麗。

　　正殿奉祀清水祖師神像，雕飾細膩的同治年神龕頂端，高懸光緒皇帝御賜古匾「功資拯濟」，此外還有「即是清水」「清玄如水」「佛化蓬萊」匾額，皆屬廟內極具歷史意義的珍貴文物。

寺廟常見墀頭獅，也換上了婀娜多資的仕女交趾陶作品，並不多見。

祖師廟，為台北市唯一、仍保存清代同治年間寺廟原貌的古老建築。

🚗 交通資料：

（1）下國道1號五股高架道路環北交流道，轉環河快速道路，遁往西門町方向，轉康定路南下，抵清水巖。

（2）搭乘捷運土城板橋線在龍山寺站下車，經龍山寺，右轉廣州街，至康定路北行抵清水巖。

北投溫泉博物館

> 等　　級：三級古蹟
> 創建年代：大正2年（1913年）
> 古蹟位置：台北市北投區中山路2號

牆身頂端半圓形氣窗，細心觀察，就像高掛的眼睛一般，逸趣十足

　　北投溫泉博物館，屬於社區小型博物館，前身為北投溫泉公共浴場，興建於日治大正2年（1913年），為當時東亞最大溫泉浴場，外觀呈現英國鄉村別墅風情，提供了當時民眾平價泡湯的絕佳選擇。

　　日治時期北投溫泉旅館，多為高消費形態，非一般大眾所能負擔，因此1913年台北州廳花費公共衛生經費五萬六千餘元，仿照日本伊豆山溫泉模式，動工興建平價的北投溫泉公共浴池，光復後，曾劃歸圖書館使用，一樓浴池仍開放民眾泡湯，二樓則陸續提供為黨政辦

二樓外牆木造雨淋板搭配優雅拱圈長窗，舖陳出典雅的歐式風情。

男用大浴池，為站立式泡湯池，圓形拱圈列柱，帶有古羅馬浴池的浪漫風格。

公室與招待所等，直到民國84年才由北投居民陳情提報為古蹟，修復後正式更名為北投溫泉博物館，順理成章成為認識北投溫泉與人文歷史的最佳資訊站。

浴場建築配合自然環境沿緩坡而建，一樓外觀為紅色磚造牆面，東側牆身頂端半圓形氣窗，細心觀察，就像高掛的眼睛一般，逸趣十足；二樓為木造雨淋板搭配優雅拱圈長窗，舖陳出典雅的英國鄉村別墅風情。

主入口設在二樓，設有換鞋玄關，內部舖設原木地板，樓梯也取用頂級檜木雕刻，空間規劃依傳統日式公共浴場設計，四處洋溢著和風情調，二樓榻榻米大廳，則提供遊客在一樓大浴池泡湯、更衣後，喝茶、下棋、聊天，或佇立陽台，愜意欣賞北投谷地風光的最佳場所。

浴場一樓的男用大浴池，為罕見站立式泡湯池，周圍設圓形拱圈列柱，帶有歐式古羅馬浴池的浪漫風格，泡湯時透過拱圈可欣賞外牆繽紛的彩繪玻璃窗，及透窗而入的的明亮炫彩光線，更營造出一襲高雅質感，氣氛迷人，令泡湯客享受有別於日本傳統的泡湯體驗。

博物館內，以明亮的乳白主調，配合塔斯坎複合柱式和八角窗，及古羅馬浪漫建築元素，營造一份清新氣氛，規劃許多和北投溫泉發展息息相關的主題展示，主要有當地人文自然環境，與溫泉發展史、台灣溫泉介紹，珍貴的北投石和溫泉取用器材展示…等，散發獨特的溫泉博物風情。

泡湯時透過拱圈可欣賞外牆繽紛的彩繪玻璃窗，氣氛迷人。

日式石燈籠，為浴場建築，增添一份清麗脫俗味道。

浴場建築坐落在綠意盎然的北投溪右岸，綠草如茵的谷地裡，庭園內散佈著，日式石燈籠，空氣裡瀰漫著淡淡的硫磺味道，偶而雲霧飄渺，更增添一份清麗脫俗味道，令人忘情，值得遊客前往攬勝。

二樓主入口，擁有溫暖浪漫的日式和風情調。

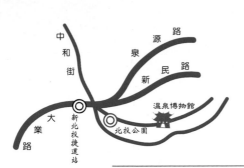

館內以明亮的乳白主調，配合塔斯坎複合柱式和八角窗，營造清新氣氛。

🚗 交通資料：

（1）下國道1號重慶北路交流道，往北投方向，至新北投捷運站，走中山路過新北投公園約5分鐘即至。

（2）捷運淡水線北投站，轉新北投捷運站下車，走中山路過新北投公園約5分鐘即至。

芝山巖隘門、惠濟宮

等　　　級：三級古蹟

創建年代：道光28年（1848年）、
　　　　　乾隆17年（1752年）

古蹟位置：台北市士林區至誠路
　　　　　一段326巷26號

惠濟宮華麗入口牌坊，是拜訪芝山巖西隘門和惠濟宮的主要步道。

垂直崖壁上，勁書「洞天福地」，為清末潘永清，親筆題書，深具歷史價值。

　　芝山巖是台灣第一個被發現的史前遺址，擁有獨特的芝山巖文化和圓山文化，可能是台灣最早種植稻作族群，存在於至今約四千年的古台北湖年代，具有獨特歷史意義。

　　芝山巖小丘，海拔約50餘公尺，為史前湖畔一座小島，為麻少翁社原住民聚居地，山頂岩層間，還保留有往日造屋的柱洞遺蹟，在台灣的發展軌跡裡，佔有重要地位；芝山巖早年原始林密佈，地形封閉，故而遲至清康熙中葉才有來自漳州漢人，自

唭哩岸往士林、芝山巖一帶開發墾作，始逐漸形成聚落。

清乾隆17年（1752年），居民為答謝神恩，祈求平安，遂公推吳慶三為董事，選擇在樹木蒼鬱的芝山巖山頂平台，建廟奉祀家鄉守護神開漳聖王，兩年後完工；道光20年（1840年），增建文昌祠，不久又創設書塾於祠內，致令當地文風昌盛。

同治13年（1874年），祠廟合一；光緒16年（1890）年，惠濟宮遭逢祝融之災，由士紳潘盛清倡議捐款，重建為二進式廟宇；正殿主祀開漳聖王，後殿樓上祀文昌帝君，樓下祀觀音佛祖，並設義塾供學子唸書。

清代中葉，社會動盪不安，族群械鬥，民變殺戮事件頻傳，芝山巖隘門，即為道光28年，居民取唭哩岸石和觀音山石交錯築砌，作為防禦工事，用以阻止亂民入侵，原設東西南北四門，牆垣上方另作雉堞，開銃孔禦敵。

日治時期，嚴盡暴力械鬥，隘門防禦功能盡失，逐漸荒廢拆毀，僅剩西、北兩處隘門殘蹟，斑駁岩石表面，已佈滿一層鮮綠青苔，默默記錄這段不堪的歷史畫面。

惠濟宮華麗入口牌坊，是拜訪芝山巖西隘門和惠濟宮的主要步道，山門牌坊上方步道右側，垂直的百尺斷崖岩壁上面，勁書「洞天福地」四個大字，為咸豐年間，著手開發八芝蘭新街（士林），貢獻極大的潘永清先生，親筆題書，深具歷史價值。

惠濟宮現貌，為戰後歷次重修改建結果，雖多以混凝土，作為主要建材，但仍保有閩南式古廟風貌；而改建抽換下的石獅、柱礎、石碑、石柱，以及龍虎堵和麒麟堵石雕，今日仍配置於懷古園內，記錄著古廟滄海桑田的更迭歷史。

此外芝山巖事件，又稱六氏先生事件，留下了一座學務官僚遭難之碑，和六氏先生之墓，以及芝山巖神社（已拆除），廟後還保存一座石

1 ．西隘門斑駁岩石表面，已佈滿鮮綠青苔，默默記錄這段不堪的歷史畫面。
2 ．懷古園內將古廟遺留的石獅、碑柱，以及龍虎堵和麒麟堵石雕，完整展示。
3 ．惠濟宮奉祀漳州守護神開漳聖王，依然保有閩南式古廟風貌。
4 ．古柱陪伴的懷古亭，已成為當地居民午後奕棋品茗的遊憩之處。

廟後保存碑刻「同歸」的義塚，埋葬抗日殉國義民，人文色彩極為豐腴。

芝山巖事件，又稱六氏先生事件，在芝山岩頂端還留有六氏先生古墓。

質土地祠及碑刻「同歸」的義塚，埋葬在此抗日殉國義民，古樸流芳，人文色彩極為珍貴豐腴。

🚗 交通資料：

（1）下國道1號重慶北路交流道，注士林方向，經百齡橋，走中正路到底，左轉雨農路，接至誠路，抵芝山巖。

（2）捷運淡水線芝山站出口，左轉福國路到底，右走中山北路5段，到至誠路左轉直行即至。

陳德星堂

等　　　級：三級古蹟
創建年代：大正1年（1912年）
古蹟位置：台北市大同區寧夏路27號

德星堂，是陳氏大宗祠堂號，又名舜帝殿，有對國內罕見「一柱雙龍」石柱。

　　德星堂，是陳氏大宗祠堂號，又名舜帝殿，是大龍峒老師府陳悅記家族宗祠，也是台灣著名大木作師傅陳應彬的代表作品之一，在台灣建築史上具有相當重要的地位。

　　遜清光緒18年，台北建城後，由陳氏族人和宗長陳雲林統籌集資，在城內文武廟西北方，首度斥資建立陳氏宗祠。日本治台後，總督府計畫徵用宗祠用地，興建武德殿和台灣總督府，因此撥用大稻埕府奎町軍有地和陳家交換，德星堂無奈祇得遷移現址。

　　重建則在大正元年（1912年）陸續展開。

陳德星堂佔地二千餘坪，為傳統二進式宗祠建築；從前院門進入，映入眼簾便是面寬七開間的首進宏偉建築，前方建有中國式燕尾照牆、風水池和假山庭園，花木扶疏，景緻清幽；兩側護龍為水形馬背，牆身水車堵交趾陶亦精緻動人。

三川殿採用陳應彬最富盛名的「歇山假四垂」複合式屋頂，讓雙層屋簷與多重屋坡創造出華麗繽紛的視覺效果。

三川殿為四層疊斗構架，門楣上方高懸「陳氏大宗祠」名匾，門神彩繪為尉遲恭與秦叔寶，門廊前方桁樑則懸掛「舜帝殿」橫匾，將宗祠屬性顯露無遺。

廊下壁堵立面以精緻的石雕作品鑲飾，最著名首推那對國內罕見的「一柱雙龍」石柱，仔細觀察，發現單柱龍首昂立，上下相對，神情生動靈巧，雕工細膩。

| 1 | 1. 兩側護龍為水形馬背，牆身水車堵交趾陶亦精緻動人。 |
| 2 | 2. 石枕花鳥雕刻作品，鐫刻精緻，栩栩如生，值得用心欣賞。 |

第二進為正殿，奉祀太始祖舜帝重華公和陳氏三始祖神位，正殿還有落款年代為「光緒辛卯年」石柱，即是原先城內宗祠拆下的建材，兩殿之間，以左右兩條燕尾脊柱廊相連；柱廊與護龍之間，也特別設計了帶歇山頂的過水廊，銜接護龍正殿間的行進動線。

此外，正殿大通上的瓜筒造型為漳派短胖的金瓜筒，還有捲螺紋裝飾，相當罕見；而三川殿和正殿的栱，也大多作螭虎造型，有前望、有回頭的，精采多姿，鮮活生動，這也是陳應彬匠師重要特色之一。

鎮殿石獅，濃眉大眼，神情生動靈巧，充滿拙樸趣味。

前殿獅座通樑及員光，傳統節孝典故木雕彩繪，風華獨具。

三川殿「歇山假四垂」屋頂，創造出華麗繽紛的視覺效果。

前庭建有中式燕尾照牆，風水池和假山庭園，花木扶疏，景緻清幽。

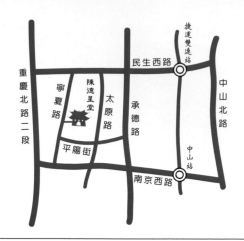

🚗 交通資料：

（1）下國道1號重慶北路交流道，往大龍峒方向，在民生西路左轉，經寧夏路口再右轉進入，抵陳德星堂。

（2）捷運淡水線雙連站下車，走民生西路西進，過承德路不久，抵寧夏路口左轉進入，即抵陳德星堂。

台灣總督府鐵道部
（台灣鐵路局舊舍）

鐵道部古老建築，位於街道轉角，為中軸對稱式古典風格。

> 等　　級：三級古蹟
> 創建年代：光緒11年（1885年）
> 古蹟位置：台北市中正區延平北路1段2號

　　台灣鐵路局舊舍，原為日治時期台灣總督府鐵道部，位於延平北路和忠孝西路交叉口，這裡原是首任台灣巡撫劉銘傳於光緒11年〈1885年〉創建的「軍裝機器局」，主要任務是推動兵工製造機械化，同時統籌台灣鐵路興築，並負責維修火車的各項器械，可說是台灣近代機械工業的濫觴。

36

【台灣總督府鐵道部】

　　日治大正八年（1919年）日本政府為大肆開發，奪取台灣物產及自然資源，興建鐵路成了最迫切要務；於是將清代機器工場拆除，新建隸屬總督府的「台灣鐵道部」，同時加速規劃，鋪設全省鐵路運輸網絡；台灣早年鐵路建設，絕大部分就是在這棟建築內被規劃出來。

　　光復後，台灣鐵道部改稱「台灣鐵路管理局」，仍然運籌掌管著全省的鐵路事業；近年來，雖然內部只剩下幾個鐵路局附屬單位，但由於本棟木構建築極具特色，加上在台灣鐵路發展史上，佔有重要地位，已被列為3級古蹟保護。

　　這棟老建築，為中軸對稱式古典風格，位於街道轉角，建築風格奇特，1、2樓用紅磚疊砌，3樓採木造構築，入口立面弧形，向外突出以大圓形拱門作為入口，可明顯看出紅磚砌成的多重圓拱線條，富於曲線變化之美。

　　拱形門入口兩側為仿希臘風格，複合柱式窗戶，由三根柱頭有螺紋及草葉狀裝飾的小石柱組合而成；二樓則為向外突出的多邊形落地長窗，兩側並以綵帶來裝飾美化中間的圓盤，配合小陽台及最上方三角形格狀山牆，更襯托入口立面的華麗顯著地位。

　　造型奇特的「切角頂」衛塔，則巍峨屹立在主入口兩邊，高聳的長窗下，綴飾橢圓形勳章飾，配上渦卷狀花紋和綵帶框，氣勢昂然，無形中也增加了單調壁面的裝飾趣味。

| 1 | 2 |

1. 中央立面頂端三角形格狀山牆，與外突的多邊形落地長窗，質感清雅精緻。
2. 衛塔高聳長窗下，綴飾橢圓形勳章飾，襯托入口立面的華麗顯著地位。

| 3 |
| 4 |

3. 雪白門廳中央設木質大樓梯，散發著古典浪漫風格，令人印象深刻。
4. 仿希臘併柱栱圈環繞的辦公室大廳設計十分典雅。

走進雪白門廳，兩邊俱爲仿希臘併柱、拱圈環繞的辦公廳舍，常見雅致的勳章紋飾，點綴其間，中央設木質大樓梯轉上2樓，左右則有廊道通往兩翼，整體空間，散發著古典浪漫風格，令人印象深刻。

「切角頂」衛塔造型奇特，無形中也增加了單調壁面的裝飾趣味。

交通資料：
（1）下國道1號重慶北路交流道，往市區經忠孝西路，右轉至延平北路口。
（2）搭乘捷運在臺北車站下車，往北門方向步行約10分鐘即至。

公賣局

等　　級：國定古蹟
創建年代：大正2年（1913年）
古蹟位置：台北市中正區南昌路
　　　　　一段1號及4號

公賣局，創建於大正2年（1913年），日治時期稱爲專賣局，巍峨華麗的建築，雄峙於台北城南門外平坦空地，設計者同爲台灣總督府營繕課技師森山松之助，因此外觀與總統府有些神似，屬於日治初期，首批重要的官方建築之一，自然成爲台北市早年著名的建築地標。

日治時期台灣財政窘迫，爲儘速讓台灣達到經濟獨立目標，日本政府於是利用專賣制度掌控台灣產業，同時鞏固殖民地的政權及增加財源，專賣事業自然成爲當年台灣財政的金雞母。

嫣紅的「辰野式」建築外觀，以白色橫帶裝飾，爲英國維多利亞風格建築。

明治30年（1897年）專賣事業開始在台實施，首先施行鴉片專賣，2年後接著實施食鹽及樟腦專賣制度，明治34年，直屬總督府的「專賣局」才終於正式成立，首任局長由民政長官後藤新平擔任；今日菸酒公賣事業，則是專賣局成立二十年之後才完整納入專賣範圍，也將日人在台專賣事業推向另一波高峰。

帕拉底歐式窗，結合白色立體柱列，表現典雅的歐風特色。

中央尖頂高塔，巍峨聳峙，突出天際，成為整體建築最出色的設計元素。

台灣光復後，為了確保財源，政府決定繼續實施專賣制度，但業務範圍則縮小為菸、酒以及樟腦等三項；民國57年樟腦專賣業務終止，專賣局自此正式更名「台灣省菸酒公賣局」。2002年為因應加入世界貿易組織，始再度改制民營，稱為台灣菸酒股份有限公司迄今。

公賣局位於南昌路、公園路和愛國西路交叉路口，嫣紅的「辰野式」磚造建築外觀，以白色橫帶裝飾，搭配牆面華麗的泥塑裝飾，充滿巴洛克風格，造型十分醒目搶眼，屬於英國文藝復興時期維多利亞風格建築，營造出官廳威嚴與親切並重的協調氣息。

公賣局位於街道轉角，主入口中央高塔門樓，高達6層樓，呈圓弧狀挺向街角，造型十分醒目，為視覺焦點；圓頂門廊前方入口，由四根方體柱飾強化官署的氣派，圓盤頂上方則裝飾綴有拱頂石的帕拉底歐式窗，以增加立面變化；再往上則是少見鑲飾大型勳章紋飾的半圓形山牆，尤其最頂端的中央尖頂高塔，巍峨聳峙，突出天際，成為整體建築最出色的設計元素。

塔樓裝飾繁複，並設白色立體柱列假入口，讓艷紅的磚牆立面，更顯搶眼。

入口門廊左右兩側，各雄峙兩座三角形山牆塔樓，山牆下方裝飾繁複的牛眼窗，瓜果花草雕塑精緻，底下各設一座大型白色方體柱列假入口，在艷紅的磚牆立面，更顯得搶眼突出，也傳達了殖民地官署建築奢華氣派的風貌與特質。

交通資料：

（1）下國道1號重慶北路交流道，注市區經忠孝西路，左轉台北車站方向，接公園路直行，過愛國西路和南門口，即抵公賣局。

（2）搭乘捷運中和、新店線在中正紀念堂站下車，注愛國西路出口接南昌路約2分鐘即至。

林秀俊墓園

等　　級：三級古蹟

創建年代：乾隆36年（1771年）

古蹟位置：台北市內湖區文德段舊宗路旁，大都會客運修車廠南側

福神土地公則位於墓碑右前方，靜靜守護墓主的安寧。

墓碑頂端鏤刻螺紋和雙龍搶珠圖案，墓肩石則採精美的瓷磚拼貼，清淨典雅。

墓園坐落在內湖科技園區旁，佔地廣闊，見證了北台灣艱辛的開發史頁。

林秀俊墓園，孤單屹立在高樓大廈林立，車水馬龍的台北市東區，是北台灣難得一見，保存完好的清初古墓，極具歷史價值。

墓園坐落在新興的內湖科技園區旁，佔地廣闊，清淨典雅，默默見證了北台灣滄桑艱辛的開發史頁，屬於國家三級古蹟。

林秀俊，福建漳州人士，自號成祖，是早年台北盆地的開拓先驅，曾任北台灣著名通事與墾首；清康熙末年，常駐淡水廳，和友人合力購置淡水、八里、士林、新莊一帶荒地，大力墾耕有成。

雍正5年，楊道弘申請拓墾興直地區土地（今新莊附近），也獲准，致林、楊兩位墾首，還因此互告，最後總算攜手言和，為台北盆地開發，建立良善基礎。

清初林秀俊，以弱冠之年，渡海來台，勤勉

拓墾，開發大台北地區荒郊山地，獨具遠見，鳩工募款開築規模龐大的大安、永豐二圳，灌溉荒田仟甲，成為北台灣最主要的開拓者之一。

乾隆36年（1771年）林秀俊辭世，據說其生前非常喜歡內湖山區的好山好水，曾有意在此建屋居住，可惜直到過世仍未如願；後代子孫為達成其心願，將其佳城葬於內湖粉寮現址，讓他長眠於這片曾經讓它心靈神馳的山水福地。

林秀俊墓園，屬傳統閩南式形制，背倚公館山（海拔95公尺）為靠，前方則是基隆河蜿蜒流逝，屬玉帶水寶地，相傳當地為螃蟹穴，外墓埕泥灘地，終年潮濕冒泡，為庇蔭後代的極佳風水。

墓園在1774年修竣完成，規模宏大，歷經百餘年，已呈現斑駁老態，遂於昭和3年（1928年）重新以日式洗石風格裝修，始成今貌。

古墓由墓塚區和墓碑，以及墓庭、墓手和土地公組成。墓塚是墓的主體，包括綠草如茵的墓丘、墓龜及具水土保持功能的墓領巾。

林秀俊墓園前方，運用巍峨巨石解說牌，景觀協調。

墓碑區，則包括墓碑、墓肩石、拜桌等配置，墓碑頂端還刻有螺紋和雙龍搶珠圖案，以及昭和戊辰年重修碑文，墓碑正面則為墓誌銘，背景依稀可見精美的素雕圖案，墓肩石則採精美的瓷磚拼貼，值得留意。

墓庭由內而外漸低，顯示空間的主次；墓丘向後漸次增高環抱整座墓身，前方的墓手短牆貼上昭和年代繽紛的拼花彩瓷，墓手寶柱以方柱、尖形金槍柱及角形金剛柱裝飾，更增添古墓的氣派風韻；土地公則位於墓碑右前方，靜靜守護墓主的安寧。

墓園孤立在大廈林立的台北市東區，為保存完好的清代古墓，極具歷史價值。

墓碑頂端刻雙龍搶珠護守，為昭和戊辰年重修後新設。

墓手短牆貼上昭和年代繽紛的拼花彩瓷，並以多元寶柱，增添古墓氣派風韻。

仔細觀察整座墓園，從墓身到墓埕，花草繁滋，生機盎然，配合墓丘的緩坡起伏，展現出柔和線條，自然營造了古墓寧靜肅穆的氛圍，令人發思古幽情。

🚗 交通資料：
（1）下國道1號五股高架道路堤頂交流道，往舊宗路南行300公尺。
（2）搭乘捷運在南京東路站下車，轉乘0東、652公車至民權大橋下車，往回走到舊宗路二段，右轉往一段直行，約10分鐘即至。

槓子寮砲台

等　　級：省定古蹟
創建年代：約明治34年（1901年）
古蹟位置：基隆市信義區東光路底

1. 槓子寮砲台，保存十分完整，規模相當大，屬於日治時期興建的新式砲台。
2. 石砌水井為砲台基本設施，表面已佈滿綠苔，呈現斑駁古意風貌。

槓子寮砲台位於基隆市信義區東光路底，臨海的槓子寮山東稜線上，海拔約150公尺，距碧砂魚港直線距離，僅500公尺，是扼守基隆港東北側八斗子一帶東海海面的重要軍事要塞，地勢險峻，易守難攻，屬於日治時期興建的新式砲台。

槓子寮砲台，目前保存仍十分完整，規模相當大，擁有六個砲位，防禦線隨著山勢蜿蜒起伏，進行適當配置，以期發揮最大的警戒和嚇阻力量。

槓子寮砲台基本配置劃分三區，第一層坐落在砲台區入口前方，位置低，周圍樹林翁鬱，地勢較為隱密，屬於指揮部和營舍所在，散佈著碉堡、崗哨、操練場和交誼廳、營舍，以及廁所、廚房、水井等基本設施，其間石砌營房，已有多處受損傾圮，呈現斑駁古意風貌。

沿著山坡往上走，山壁邊坡挖掘有避彈坑洞，第二層營地，同樣築造石質洞窟營

舍和彈藥庫、坑道，並設石階通往砲盤區。

　　砲台區，設有淨水池，面海山稜下方，散佈六座榴彈砲砲位，兩座為一組，成直線形一字排開；砲座舖設360度圓形軌道，便利調整射口方向，砲前弧形避彈掩體，以安山岩塊築砌，每組子牆下方置近十個拱狀儲彈孔，以利於快速執行火砲反擊任務，達到制敵機先的軍事需求。

　　此外還設有石階磴道，跨越掩體隔堆，便利進行補給和聯絡作業，而厚實的隔堆，則規劃為彈藥庫，充分達到地盡其用，以及隱密避彈的軍需條件。

　　砲台區最頂端制高點，設置有觀測指揮堡和機槍堡，統籌警戒、觀測和戰時防禦、指揮作戰任務，戰略地位重要；若自指揮堡遠眺，基隆嶼宛如海上仙山，更是親切迷人。

　　槓子寮砲台地理環境優越，位於山稜高處，因此視野廣袤，山海交錯，適合輕鬆欣賞美麗的海岸線和基隆嶼及漁港的優美風光，加以早年受軍事管制因素，林相生態保存完整，開放後已成為遊客趨之若鶩的著名景點，極具知性旅遊發展潛力，值得相關單位重視。

石砌營房，已有多處受損傾圮，在陽光下流露出，美麗線條。

日式營舍，以丁字交錯疊砌，十分堅實穩固。

【槓子寮砲台】

🚗 交通資料：

下國道1號基隆交流道，滙合2省道中正路，轉信二路到底，接東信路轉東光路爬升，遁指標抵槓子寮砲台。

入口前方，散佈著石砌碉堡、崗哨，為防衛第一線。

掩體隔堆設有石階磴道，便利進行補給和聯絡作業。

槓子寮砲台

深澳坑路

東光路

東信路

培德路

往基隆市區

102

獅球嶺砲台

等　　　級：三級古蹟
創建年代：光緒10年（1884年）
古蹟位置：基隆市仁愛區獅球里獅球
　　　　　嶺頂

獅球嶺古砲台遺蹟，僅剩一座清代作為指揮所的小型碉堡。

發現台灣古蹟
Taiwan easy go

　　獅球嶺砲台，在中法戰爭之後，被法軍稱為淡水砲台，創建於清光緒10年（1884年），位於基隆高速公路起點，大業隧道頂端的平緩山頭，海拔約110公尺，迤邐的蔥蔚山脈，正好屏障基隆港區西南端制高點，緊扼基隆進入台北盆地的重要防線，地勢險要，清代很早即派有軍隊駐守，在中法戰役裡，便發揮了有效的防禦作用。

　　古砲台四周樹蔭蔽天，環境隱密，清末時期，雖僅配置5吋前膛砲，卻仍讓配備精良的法軍侵犯時嘗盡苦頭；中日乙未年，日軍進佔基隆時，此處擁有一個營兵力，雙方在此激戰數晝夜，僵持不下，可惜清陣營內鬨，讓門戶洞開，江山只能拱手讓人。

　　據說原完整砲台，分設東、西兩處，砲盤佈局呈直線拉開，矗立在臨崖稜線上面，射擊時火網交叉，讓敵方感受極大威脅性。

　　目前古砲台遺蹟，僅剩一座清代作為指揮所的小型碉堡，以及一個砲座，遺蹟範圍並不大；指揮所，位在砲台下方，以石材築砌，岩面外觀佈滿深色青苔，流露出歷盡滄桑痕跡，碉堡牆身厚實，拱形入口設有甬道，兩側亦留有方形

1　2　3

1.獅球嶺古砲台，指揮所方形射口，有效強化堡壘的自衛能力。
2.自光線晦暗拱狀碉堡，往外觀察，可感受一份難言的蕭瑟氣息。
3.砲盤區以堅硬鐵水泥鋪設，以承受來自重砲壓力。

44

【獅球嶺砲台】

獅球嶺古砲台前方，早起會建有獅球山莊供會員使用。

弧形砲座，建有低矮子牆和磚造階道，下方設尖拱形儲彈孔，風貌古樸。

平安宮為日治年代古廟，步道旁仍遺留造型古意的石燈籠。

射口，增加自衛能力，堡內光線晦暗，令人感受一份蕭瑟氣息。

上方砲台，曾遭法軍和日本近衛師團強佔使用，弧形砲座前方建有一道低矮子牆和磚造階道，下方設尖拱形儲彈孔，研判可能係日軍修建作為榴彈砲盤。

獅球嶺砲台，遺蹟雖然不多，但獨特的地理環境和珍貴的血淚歷史，總讓人矚目心動，尤其山稜上，視野遼闊，基隆港水域和市街高樓大廈熱鬧景象，一覽無遺，而聳立一旁的日治年代古廟平安宮，造型古意，視野優質，四周風光綺麗，可俯瞰基隆港和高速公路及基隆市區風光，深獲遊客青睞。

🚗 交通資料：

下國道1號基隆交流道，經忠一路、愛一路、成功橋、獅球路，注山區方向，抵平安宮，循指標前注砲台。

獅球嶺周圍林木蓊鬱，美麗的路旁野花，無形中化解了戰地緊張氣氛。

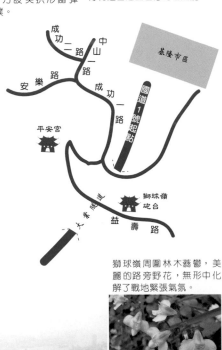

法國軍人公墓

等　　級：市定古蹟
創建年代：光緒10年（1884年）
古蹟位置：基隆市中正路101號

發現台灣古蹟
Taiwan easy go

「佛國陸海軍人戰死者紀念碑」尖塔形碑座，巍峨矗立在墓園後方。

　　法國軍人公墓，坐落在二沙灣古砲台遺址附近，為1884年清法戰爭，雙方攻防慘烈的古戰場遺址，墓園內花木扶疏綠意盎然，角落裡散佈著四座西式墓碑，默默見證著昔日清代政府的無能，和法西斯的貪婪，以及一群無辜軍民的無奈悲愴。

　　光緒10年（1884年），清法因越南屬地問題爆發戰爭，8月法國提督孤拔指揮艦隊，趁隙攻打台灣，連番砲轟基隆，並轉戰淡水，試圖採取封鎖政策；但清廷守軍大力反擊，讓法軍久攻失利，士氣低落，再加上基隆潮濕多雨氣候，法人適應不良，罹病傷亡人數遽增，隔年外籍兵團馳援，3月初展開一場關鍵性慘烈殊死戰，雙方傷亡慘重，為基隆開發歷史上最重大的一場戰役。

　　1885年4月清法議和，正式停戰；二沙灣古戰場遺址，被用來埋葬雙方傷亡人員；日治初期，日本首先遷移清國人墓園，僅留下法人公墓；戰後，民國43年（1954年），法國派艦隊，將在澎湖馬公之役殉職的海軍事務長戴爾，及海軍陸戰隊

角落裡散佈著西式墓碑，默默見證著無辜軍民的悲愴。

46

1. 軍人公墓為清法戰爭攻防慘烈的古戰場遺址。

2. 墓園內花木扶疏，默默見證了政府貪婪和無能以及軍民的無辜。

3. 百年古墓真實記錄一段殘酷的清法歷史事件。

中尉若漢德，遷葬於墓園內，並由花蓮教區主教費聲遠主教主持葬禮，並設置以中文和法文並列的紀念碑，悼念不幸罹難人員，其後代至今仍有人前來憑弔。

　　墓園內有四座百年古墓，緊鄰著圍牆矗立，眞實記錄這一段殘酷的清法歷史事件，尖塔形碑座和醒目的十字架，以及正面羅馬文字碑文，讓人一眼即能發現，這是訴說一個軍人，在政客操弄下，離鄉背井，永遠回不了家園的無奈與悲哀。

　　目前法國軍人公墓，已被劃爲基隆市定古蹟，範圍雖然不大，卻見證了一段殘酷的戰爭史實，值得後世借鏡，也顯示此處古蹟保存的珍貴價值。

墓園內，設置以中文和法文並列的紀念碑，悼念不幸罹難人員。

【法國軍人公墓】

🚗　交通資料：

下國道1號基隆交流道，循合2省道中正路直行，過海門天險步道入口前方，約二百公尺左側。

基隆港

法國軍人公墓

民族英雄墓　　正豐街

豐穗街

二沙灣砲台

步道入口

海門天險

中正路

正信路

②

等　　　級：一級古蹟
創建年代：道光20年（1840年）
古蹟位置：基隆市中正路大沙灣
　　　　　民族英雄墓對面山頂

二沙灣砲台

　　二沙灣砲台最早建立於清道光21年（1841年），清英鴉片戰爭以前，原本位於海邊，以竹簍、麻袋塡充沙土堆疊而成的簡易形砲墩八座，砲墩外側再以粗大竹桿連結鑿通裝水，形成竹圍，最前端並挖掘壕溝禦敵，爲台灣道姚瑩緊急建立；清英戰爭爆發後，再度增建石牆、巨砲強化防禦，可惜在慘烈戰事裡，全部化爲灰燼。

　　目前二沙灣砲台，可能爲同治年間由羅

營盤區中央建構的古樸石質營門，象徵砲台的精神指標。

二沙灣砲台，內部配置三門英製阿姆斯托朗後膛砲，以強化防禦能力。

石質營門設置狹窄馬道和雉堞，視野開闊，人員可藉由階梯爬上頂端。

石砌彈藥庫，牆面開設拱形小窗，方便傳遞彈藥，目前屋頂已經傾圮。

卷拱狀營門上方，嵌入題書「海門天險」石匾，極具古意。

🚗 交通資料：

下國道1號基隆交流道，遁合2省道中正路直行，自文化中心抵海門天險步道入口，約2公里。

二沙灣砲台，緊緊扼守基隆港出入口水道，地位極為重要。

大春首度修築，並於光緒12年（1886年），台灣建省後，由首任巡府劉銘傳，聘請德國技師，採用先進的鐵水泥材質重新興建的新式砲台，又稱為基隆小砲台，內部配置三門英製阿姆斯托朗後膛砲，配屬兵力近二百名，緊緊扼守基隆港出入口水道，地位極為重要。

歷經殘酷的中法戰爭洗禮，二沙灣砲台依然屹立，更屬彌足珍貴，整體空間配置，分為營盤和砲台兩大區域；營盤區置於背海坳地，地形隱密，主要由營舍、練兵場、庫房和餐廚設施構成，作為官兵生活空間，可惜目前僅存數道人字砌外牆殘蹟。

營舍外圍砌築一道石牆，便於防禦，並在中央建構一座古樸石質營門，管制人員進出，營門頂端設置狹窄馬道和雉堞，視野開闊，風景絕佳，平常派駐人員站哨警戒，卷拱狀營門上方，則嵌入一塊題書「海門天險」的石匾，作為二沙灣砲台的門面和精神象徵。

砲座區位於臨海的山稜高處，視界廣闊，主要扼守基隆港水道，和營盤之間以大階梯連結，方便人員快速進入戰鬥位置，主要分為東砲台和北砲台兩區，整體結構以鐵水泥和石材鋪設，尤其子牆高與人齊，全以鐵水泥和砂石逐層砌築，結構厚實；砲座旁，各置一座石砌彈藥庫，靠近砲座方向牆面，還開設拱形小窗，方便傳遞彈藥，目前屋頂已經傾圮，砲座上則擺置仿製古砲，模擬原始風貌，讓遊客用

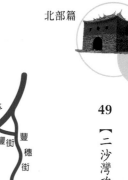

內心感受當年烽火連天的殘酷意境。

此外位於北砲台附近還有一座石砌古井遺蹟，東砲台下方樹林間，則屹立三座劉銘傳部下古墓，客死異鄉，令人不勝唏噓。

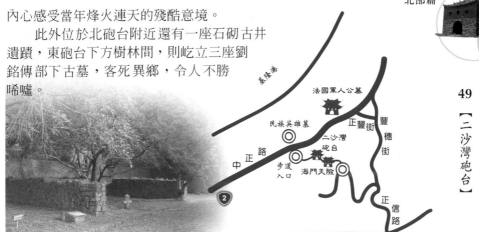

淡水龍山寺

等　　級：三級古蹟
創建年代：清咸豐8年（1858年）
古蹟位置：台北縣淡水鎮中山路
　　　　　95巷22號

淡水龍山寺創建於清咸豐8年（1858年），巍峨坐落在隱密的菜市場內，為福建惠安、晉江、南安三邑移民，返鄉自泉州安海龍山寺，恭請觀世音菩薩分靈來台，並由士紳洪光城兄弟獻地，著手建廟，祈求海事平安，香火永傳。

龍山寺為早年滬尾街四大古廟之一，主祀觀音菩薩，左右兩廂陪祀天上聖母和註生娘娘等台灣民間最常親近女神，也見證了台灣早年佛道不分的獨特宗教文化。

據說光緒10年（1884年）清法戰爭，觀音菩薩曾顯聖勇退法軍，讓法軍轉戰滬尾吃

正殿神龕花罩木雕作品多元，十分精緻，神像莊嚴，古匾文物極為豐富。

正殿前方，建有獨特的斷簷升庵式拜殿，風韻古樸華麗。

1. 龍山寺斑駁古樸的龍柱和石柱楹聯雕刻，也都是遊客細心欣賞重點。
2. 牆堵對看垛罕見的一幅三畫，保留了清代末葉古拙藝術風格，十分珍貴。

了敗仗徒勞無功，爲此劉銘傳特奏請光緒皇帝御賜「慈航普渡」匾額，高懸廟堂正殿之上。

淡水龍山寺，坐落在擁擠的滬尾古市街內，正殿面寬僅三開間，格局屬於兩殿兩廊式，形如街屋，配置有前殿和正殿，兩殿間以廊道相連，形制簡樸單純，也是早年狹隘市街裡常見的小型寺廟。

前殿步口廊立面，以樸拙的石雕最具特色，也是裝飾重點，在這裡可以欣賞不少清代精緻石雕藝術，左右門神彩繪爲風調雨順四大天王，尤其螭虎團窗透雕，及牆堵對看垛罕見的一幅三畫，和廊牆頂端寓意龍山的拙樸立體雕工，線條分明，活潑生動，完整保留了清代末葉古拙藝術風格，十分珍貴。

前殿牆身，鑲嵌2塊珍貴的創廟石碑，是探索龍山寺歷史的珍貴文物；兩側則以柱列廂廊銜接，正殿前方台基往中庭延伸，建有獨特的斷箭升庵式拜殿，燕尾脊飾麒麟馱八卦剪黏，脊堵則點綴象徵豐收的海洋蝦蟹，神韻生動靈巧；其間棟架樑坊與瓜筒、獅座和員光、插角及豎材垂花木雕彩繪，細膩精緻，亦屬藝術珍品，值得用心品味。

拜殿樑坊插角及豎材垂花木雕彩繪，細膩精緻，值得用心品味。

拜殿燕尾脊飾麒麟馱八卦剪黏，神韻生動。

龍山寺中庭廂廊，各式柱列雲集，風情獨具。

殿內珍貴的清代楹聯、古匾文物不少,彩繪雕鑿作品,更是豐富,不愧名列滬尾古廟,也是國家三級古蹟。

🚗 交通資料:

(1)下國道1號重慶北路交流道,注士林淡水方向,轉2號省道,經大度路抵淡水中山路轉入95巷市場內。

(2)搭乘捷運淡水線,在淡水站下車,循中山路直行,再轉入95巷市場內。

淡水禮拜堂創建於昭和7年,是一座仿12世紀歐洲哥德式教堂建築。

淡水禮拜堂

等　　級:縣定古蹟

創建年代:昭和7年(1932年)

古蹟位置:台北縣淡水鎮馬偕街8號

禮拜堂尖塔式構造,及細部裝飾特色,更襯托出教堂神聖莊嚴氣息。

淡水禮拜堂創建於昭和7年(1932年),是一座仿12世紀歐洲哥德式教堂建築,由馬偕二世精心設計,全名為淡水基督教長老教會,它的存在意義,主要是為了紀念西元1872年(清同治11年),來自加拿大傳教士馬偕博士,在北台灣建立第一座基督教長老教會而興建。

禮拜堂聳立於僅容一車出入的馬偕街,後方寓所,為馬偕來台後,租用居住與行醫傳教之處。教堂依山面海而築,氣勢壯闊,寧靜雅致,首建於1875年,隨後歷經數次增修改建,已成一座有著方形鐘樓的白色浪漫建築,到了20世紀初,礙於禮拜堂空間侷限,同時慶祝在台傳教60年,便毅然改建。

尖拱形窗是中世紀哥德教堂，
基本的建築元素。

教堂後方寓所，為馬偕租用居
住行醫傳教之處。

建築工程由馬偕獨子偕叡廉規劃，並聘請著名匠師洪阿泉父子施工，落成後，一躍成為北台灣最具特色和規模的基督教禮拜堂，除了宣揚馬偕博士對台灣基督教的卓越貢獻，其獨特歐風建築，也吸引了許多追求浪漫的情侶共遊見證，自然亦成了婚紗攝影的熱門據點，這也是始料未及的另類貢獻。

淡水禮拜堂，依山傍海，融入中世紀哥德教堂建築元素，採用典雅的紅磚砌築，尤其是尖塔式構造，及細部裝飾特色，更襯托出教堂神聖莊嚴氣息。

拱形窗鑲嵌彩色玻璃，搭配細膩磚飾線條，形成中西合璧風貌，讓人印象深刻。

禮拜堂屋身立面，選用傳統中式民宅尖形山牆，牆頂中央砌小尖塔，此外主體建築的屋頂四周牆角和磚柱頂端，依然使用類似佛塔的小磚塔裝飾，牆面則綴飾尖拱形長窗，入口設在二樓，以白色階梯連接拱形門廊，無形中強化了教堂神聖崇高地位。

緊鄰禮拜堂的尖頂塔樓，巍峨屹立，樓高近15公尺，四周環繞上細下粗的扶壁，具有強化牆體結構作用，塔樓分為四層，頂端由四面磚造矮牆，護衛高聳的塔尖，另三層塔身，則應用造型迴異的尖拱形窗鑲嵌彩色玻璃裝飾，並加上細膩的磚飾線條圖案，形成中西合璧的獨特風貌，

夜晚的淡水禮拜堂，風韻迷人，更顯浪漫氣息。

教堂主體建築屋頂轉角和磚柱頂端，應用類似佛塔的小磚塔裝飾，親切莊嚴。

🚗 交通資料：
（1）下國道1號重慶北路交流道，注士林淡水方向，轉2號省道，經大度路抵淡水中正路馬偕廣場，再轉入右側馬偕街。
（2）搭乘捷運淡水線，在淡水站下車，沿中正路直行，抵馬偕廣場，再轉入右側馬偕街。

讓人印象深刻。

教堂內部，仍採用西方傳統配置形式，尤其尖拱窗透過陽光照射，引入炫麗光芒，將寬敞的禮拜空間，襯托的更為神聖祥和，加上教堂內珍藏近百年歷史的古老風琴，和散發著悠揚樂音的百年古鐘，讓淡水禮拜堂，成了北台灣最受歡迎的一座浪漫古建築。

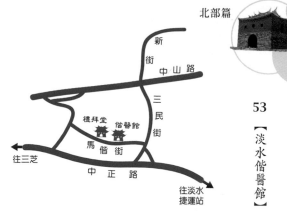

淡水偕醫館

等　　級：縣定古蹟
創建年代：光緒五年（1879年）
古蹟位置：台北縣淡水鎮馬偕街6號

淡水偕醫館坐落在寧靜的馬偕街，由馬偕博士親自設計，背山面海，環境幽雅，若不細看，還以為是早期富庶家庭的洋樓建築，風韻迷人。

馬偕博士自西元1872年，初抵淡水後，不久，即開始他的醫療生涯，最初先在其寓所為人診治，隔年便租用民房行醫，隨後陸續有更多志願義診醫師投入，協助醫療工作，全球首例人類感染「肺蛭蟲」病例，便是在偕醫館發現。

接著在美國友人贊助下，偕醫館正式落成，自然為病患提供了更多更好的服務，可惜1901年，馬偕與世長辭，醫館診療業務，跟著停頓了五年，1906年加拿大宣教會宋雅各醫師，才又來台進駐，重啟醫療業務，為了應付眾多就醫人口，位於雙連地區的「馬偕紀念醫院」新院區，終於在大正1年（1912

| 1 |
| 2 |

1.屋脊採金形馬背，山牆下方嵌飾琉璃窗和弧形百葉窗，中西合璧，韻味十足。

2.屋頂覆上中式紅色磚瓦，並搭配方形煙囱，擁有濃厚歐式鄉村風情。

馬偕博士初抵淡水的租屋發跡地，已有百餘年歷史，可惜人事已非。

入口設在二樓，以白色階梯連接拱形門廊，無形中強化了教堂神聖崇高地位。

偕醫館牆身，配置帶有雨庇的白色弧形百葉窗，風韻迷人。

年）風光落成，也為延續馬偕犧牲奉獻精神，展開嶄新一頁。

偕醫館創建於清光緒五年（1879年），為北台灣第一座西醫院，整體建築完全由馬偕博士親自設計，並委由北台灣名匠洪阿泉「泉仔師」負責施工，六個月後完工，建築費用係取其美國朋友馬偕夫人，為紀念亡夫馬偕船長，所捐獻的三千美金，作為建館基金，落成後便命名「滬尾偕醫館」，以資紀念。

滬尾偕醫館採用傳統閩南式建築，並融合西方的建築美學觀念，應用木材和紅磚材質，細心雕鑿，醫館底部設石砌台基，具有防潮作用，入口處仍保存罕見的磚造雙向階梯；拾級而上，原木拱形大門和兩側白色弧形百葉窗，相互呼應，構成一幅樸雅簡潔的中西合璧建築風貌，韻味十足。

醫館內部，陳列著馬偕博士在滬尾懸壺濟世的珍貴歷史畫面，一幅幅泛黃陳舊的古老照片，和精簡的文字說明，將馬偕一生，和對台灣的貢獻，清楚呈現；此外還保存了醫館配置原貌，詳實記錄了當年醫務不發達年代，克難的空間和器材，卻能發揮最大的醫療效果，自然傳達出早年

淡水馬偕廣場，巨大的馬偕博士頭部石雕作品，便坐落在馬偕街入口前方。

滬尾偕醫館，外觀酷似富有家庭洋樓建築，仍保存罕見的磚造雙向階梯。

交通資料：
(1) 下國道1號重慶北路交流道，往士林淡水方向，轉2號省道，經大度路抵淡水中正路馬偕廣場，再轉入右側馬偕街。
(2) 搭乘捷運淡水線，在淡水站下車，循中正路直行，抵馬偕廣場，再轉入右側馬偕街。

新街
中山路
三民街
禮拜堂
偕醫館
馬偕街
往三芝
中正路
往淡水捷運站

愛心行醫，過程的艱辛；

　　最裡面則展示了當年馬偕居家使用的西式廚櫃餐桌和著作、遺物，讓遊客思緒不禁跌入2個世紀前的艱困時空，無奈又令人唏噓。

理學堂大書院

等　　　級：二級古蹟
創建年代：光緒8年（1882年）
古蹟位置：台北縣淡水鎮真理街32號

　　理學堂大書院，別名牛津學堂，為台灣北部西式教育的起源地，校名由來是以馬偕博士的加拿大故鄉牛津鎮為名，和英國著名學府牛津大學，並無關聯。

　　書院創建於清光緒8年（1882年），至今已120餘年，也是北台灣著名的私立淡江高級中學和淡水工商管理學院，建校興學的濫觴。

　　理學堂校舍早年籌建基金，6000餘美元，幾乎全數取自牛津郡居民慷慨捐輸，雖然創校理念，早期也是為了順應傳教需求，但積極優質的辦學能力，無形中也提升了北台灣偏陬小鎮的學風和

1
2

1.理學堂大書院，別名牛津學堂，為台灣北部西式教育的起源地。
2.學堂建築融入傳統閩南四合院和宗教佛塔設計元素，古意且亮麗。

宏偉的歐式風格大禮堂建築，和理學堂大書院，迎面
而立，氣象萬千。

理學堂護龍牆身，砌築成列的拱形
窗，提升採光通風品質，也具有裝
飾作用。

大書院旁，擺設清代古砲，有些突
兀。

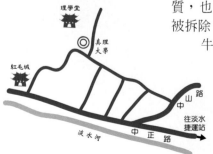

教育品質，對台灣教育發展具有難以抹滅的歷史貢獻。

走進歐風浪漫的淡水工商管理學院校園，視線便情不自禁被左側那片姹紫嫣紅的繽紛花圃，和背後那座宏偉的歐式風格大禮堂建築，以及洋溢著斑駁歷史軌跡的西洋學堂所吸引。

這座學堂也是由馬偕博士親手設計，當時為了緩和民智未開村民情緒，主體建築融入傳統閩南四合院和宗教佛塔設計元素，外觀呈現中西文化並存的獨特架構，自然成為淡水一帶最亮麗的古意建築。

理學堂大書院，採用傳統的紅磚木構建材，正面三開間，為兩進雙護龍四合院格局，底層舖設石質台基並微微昇高，立面前廊，向內退縮，形成傳統宅院第一進常見的凹壽形式，門前設雙柱，廊柱頂端門楣鑲嵌灰黑色石條，鐫刻「OXFORD COLLEGE.1882」字樣，兩側護龍三角形山牆懸魚，以灰泥圖案簡單裝飾，底下牆面則砌上對稱的拱形門窗和台階，與中央門廊結構相互呼應。

此外屋脊兩端各立有一座三層小佛塔，正面屋脊中央，則豎立塔狀十字架，將學堂的原始屬性表露無遺，屋坡鋪上紅色磚瓦，坡前設三座突出的三角氣窗裝飾，護龍牆身則砌築成列的拱形窗，提升採光和通風品質，也具有裝飾作用，第二進房舍，原本已被拆除，列為古蹟後，已重建完成。

牛津學堂神聖的教育使命，如今早已功成身退，目前移作淡水學院校史館，以及馬偕紀念資料館，內部陳列豐富的創校歷史圖片，和馬偕博士精彩人生中，遺留下的歷史文件及珍貴照片、遺物等人文史蹟，更

見證了一位外國人，對台灣這塊土地不平凡的貢獻與成就。

🚗 交通資料：

（1）下國道1號重慶北路交流道，往士林淡水方向，轉2號省道，經大度路至淡水，接中山路，轉入真理街，抵理學堂大書院。

（2）搭乘捷運淡水線，在淡水站下車，循中山路或中正路直行，轉入真理街，抵理學堂大書院。

夜色裡的大書院，別具風韻。

紅毛城 英國領事館

等　　級：一級古蹟

創建年代：明崇禎2年（1629年）

古蹟位置：台北縣淡水鎮中正路 28巷1號

紅毛城建材以紅磚、岩塊建造，牆體厚實，具有極佳防禦能力。

餐廳設計典雅，燈光浪漫，具有歐洲貴族的傳統風韻。

　　紅毛城前身為聖多明哥城，又稱滬尾城，位於淡水河口右岸山丘，初建於1629年，係當年西班牙人佔領雞籠和淡水後，為進一步鞏固領地防務，所興築的西式堡壘，主要以維護領地，煤礦開採和通商貿易利益，並作為傳教化民之所。

　　明崇禎15年（1642年），同為海上強權的荷蘭，覬覦台灣豐富資源，與貿易中繼地位，出兵攻下聖多明哥城，當初在地人稱荷蘭人為「紅毛仔」，故又稱為紅毛城。

　　明永曆15年（1661年），鄭成功登陸台南鹿耳門，設東都承天府，並於次年派兵北

領事館以英國薔薇花磚雕，鑲飾磚柱和牆面，增添洋樓秀色。

成列殘存的古老火砲，見證了淡水歷年爭戰史實。

洋樓拱形迴廊，以雙柱立面拱圈，搭配百葉窗形成建築外觀的節奏變化。

自古堡二樓，可以清楚監看，底層地牢狹小活動空間。

上，將荷蘭人逐出，此城復爲明鄭所控制；清康熙20年重新修築城堞作爲要塞，同時駐軍於此，兩年後施琅攻陷澎湖，古城終又重回中國懷抱。

清代初葉，城堡日漸傾圮荒廢，雍正二年（1724年），淡水同知王沂募款重修，同時增設門牆圍籬，並設置東、西、南、北四個出口大門，清咸豐11年（1861年），開放淡水通商，英國人選在紅毛城設領事館，並於同治年間簽訂永久租約，同時修建門廊入口及角樓、屋頂、雉堞和地牢，二樓內部並設計隔間，外牆也首度漆爲朱紅顏色，在紅毛城南門入口，依然保有署名VR1868年代的地界基石。

紅毛城爲一座方形洋式稜堡建築，建材以紅磚岩塊建造，外牆再抹上洋灰；內部爲兩層設計，底層設地牢，樓

清代修建的南門入口，門牆圍籬上，爬滿了綠色蔓藤，景致清新。

上劃分四室；東北及西南側，各設懸臂出挑之角樓瞭望台，同時建築旋梯通往堡頂，頂端設有高低錯落短垣，外牆並配置石栱射口，牆體厚實，具有極佳的防禦能力。

清末光緒17年（1891年），英人在紅毛城南側，建造紅磚洋樓，作爲領事官邸，在官邸正面牆上，仍鑲嵌署有1891年磚雕，見證領事館修建史實，並以英國薔薇花磚雕鑲飾磚柱和牆面，增添洋樓秀色。

領事館結合中西方建築精華，採用四斜坡屋頂搭配西式木架結構，上舖閩南紅瓦，外牆以紅磚與南洋瓷磚舖面砌成，外圍舖設拱形迴廊，以雙柱立面拱圈，形成建築外觀的節奏變化，同時增加室內通風隔熱功能，並襯飾綠釉花瓶欄杆，和古錢花窗，穿透感

十足，造型典雅，擁有十九世紀歐洲莊園古典風格，可遠眺觀音山和淡水的夕陽暮色風情怡人，憑添幾許悠閒的生活情趣。

領事館融合外交辦公和宅邸機能，在建築結構和用途設計上極具巧思，內部配置對稱，一樓設有寬敞明亮的客、餐廳和書房、臥室空間，踏上華麗考究的樓梯，便抵二樓舒適寬敞的主臥室和客房，內置壁爐，走道間設大片落地窗與拱廊相連，設計典雅，具有歐洲貴族的傳統風味。

紅毛城古蹟園區，依然保留原有空間設計和擺設，以展示當年時空背景下的領事生活起居原貌，與當地珍貴的開發文獻，讓遊客得以深入認識滬尾的文化之美。

59

領事館結合中西方建築精華，造型典雅，擁有十九世紀歐洲莊園古典風格。

官邸正面牆上，仍鑲嵌著有1891年磚雕，見證領事館修建年代。

迴廊襯飾綠釉花瓶欄杆，和古錢花窗，中西合璧，創意十足。

交通資料：
（1）下國道1號重慶北路交流道，往士林淡水方向，轉2號省道，經大度路至淡水，接中山路抵紅毛城。
（2）搭乘捷運淡水線，在淡水站下車，循中山路或中正路直行，抵紅毛城。

紅毛城為一座方形洋式稜堡建築，前身為聖多明哥城，又稱滬尾城。

新莊慈祐宮

慈祐宮，是新莊地區歷史最悠久古廟，吸引許多遊客前往觀察。

等　　級：三級古蹟
創建年代：康熙25年（1686年）
古蹟位置：台北縣新莊市新莊路
　　　　　218號

　　新莊慈祐宮，據連雅堂台灣通史記載，肇建於清康熙25年（1686年），雍正七年改建，而余文儀的「續修台灣府誌」則謂：慈祐宮，創建於雍正九年；是新莊地區歷史最悠久的古廟。

　　新莊古名武勞灣，為平埔族武勞灣社祖居地，清康熙中葉以後，漢人才陸續移墾，乾隆時期改稱興直堡新莊街，為康熙台北湖時期的淡水內港，當時河運發達，加以雍正末年龜崙嶺古道完工，以及劉厝圳和永安陂通水灌溉，奠定了新莊街成為北台灣商業中心地位，八里坌巡檢署亦跟著移駐，並改稱新莊巡檢署，這也是新莊古市街，最繁華昌盛年代。

古廟屋頂採用昭和年代流行的歇山假四垂形態，造型華麗。

　　慈祐宮即創建於新莊古市街，眾商雲集，千帆競渡年代，廟址正對昔日大料崁溪渡口，初建時僅為廟號「天后宮」的一座小廟，雍正七年隨著商業鼎盛，首次擴建，並正式更名慈祐宮，巍然聳立在古市街精華地帶；乾隆44年再度重修時，新莊已經發展成擁有大小商號近300家的熱鬧大街，板橋林家開台祖林應寅也在隔年遷入新莊發展。

鎮守廟門的一對高大石獅，造型拙樸可愛，為前腳不著地的北方石獅。

慈祐宮創建於新莊古市街，最繁華昌盛年代。

　　嘉慶年間，大料崁溪逐漸淤積，水運受阻，河港功能盡失，新莊地位遂逐漸被艋舺取代，商業亦日漸蕭條，隨

八角形柱珠，雕飾簡樸，為清代初葉作品。

後在道光、同治、光緒、昭和年間古刹數度整修，並曾在廟右附祀文昌祠，至光緒元年遷移，始成今日廟貌。

後殿奉祀觀音菩薩，殿前矗立一對嘉慶年代龍柱，流露一份古樸簡潔韻味。

慈祐宮為四殿兩廊且縱深狹長的街屋格局，由前殿、正殿、後殿和開山殿四進組成，廟宇大木結構擁有潮州式建築特性，用材粗壯沉穩，屋頂採用昭和年代流行的歇山假四垂形態，造型華麗，前殿鎮守廟門的一對高大石獅，為前腳不著地的北方石獅，步口廊立面石雕，則多屬近代名家雕刻，雕工細膩繁複。

正殿主祀天上聖母，潮州抬樑式木構，讓空間益見高敞，殿內珍藏

歇山假四垂，上簷角柱，可見精彩獨角夔龍，象頭栱和倒爬獅及垂花雕飾。

許多珍貴古區文物，其中以殿前那對台灣清代初葉古拙黝黑的蟠龍石柱，以及乾隆、道光年間媽祖田圖區木雕，和清初神桌、人形燭臺，最具歷史價值。

後殿明間奉祀觀世音菩薩，殿前矗立一對嘉慶年代龍柱，後殿兩廊壁面，則鑲嵌乾隆、嘉慶年古老石碑，整體空間配置，極為莊嚴神聖，流露一份古樸簡潔韻味；第四殿格局為開山殿，奉祀開山祖師牌位，後院還有一泓風水池，稱「鎮火池塘」具有防火作用，也是坐落在市街廟宇，極少見的配置。

交通資料：

下國道1號五股交流道，接107甲縣道（新五路一段）往新莊市區方向，右轉省道1號中山路，抵106縣道岔路，再左轉新泰路直行，抵新莊路後再度左進過武聖廟不久抵慈祐宮。

金瓜石太子賓館

發現台灣古蹟
Taiwan easy go

等　　級：歷史建築
創建年代：大正11年（1922年）
古蹟位置：台北縣瑞芳鎮金光路
　　　　　8號

日式庭園間，曲水疊石，池塘錦鯉和石燈籠，讓古蹟更為生動活潑。

金瓜石太子賓館週遭產業聚落，是文建會精心篩選，台灣最值得向聯合國教科文組織推薦為世界文化遺產潛力的十二處精彩據點之一，可以想見當地人文自然景觀的獨特性和代表性。

太子賓館坐落在金瓜石本山北側山腰，迎著潺潺而流的內九份溪，清爽靜謐，環境幽雅，視野絕佳，為日本田中礦業株式會社，於大正11年（1922年），為迎接日本皇太子，親臨台灣視察，仿其在日本的皇宮住所，精心設計打造的和風行館，佔地360坪，建築面積約140坪，寬敞舒適，可惜直到戰後，日本皇太子始終不曾下榻過，讓田中組不免有些尷尬和失望。

金瓜石太子賓館，屬於日本帝國殖民台灣的歷史遺蹟，為傳統日式木構建築，結構嚴謹，佈局巧思，擁有濃郁的日式庭園風格，戰後，週遭土地和龐大建物，由台金公司接收，便將太子賓館改為第一招待所，或稱第一賓館，先總統蔣公蒞臨視察時，據說亦曾在此住宿過。

但隨著歲月流逝，繁華落盡，這座和風豪宅，也禁不起大自然無情洗禮，在換手交由台電公司接管後，竟然連續遭逢兩次強颱侵襲重創，加以年久失修，屋頂傾圮，呈現

1. 太子賓館，為仿其日本的皇宮住所，精心設計打造的和風行館。

2. 太子賓館處處窗明几淨，屋外百年九芎古木參天，綠意盎然。

3. 窗櫺選用富士山與雲彩圖案點綴期間，讓素雅建築瞬間鮮活起來。

太子賓館煥然一新，幽雅矗立在日式和風庭園間。

一份荒蕪破敗的悽涼景象，令人不勝噓唏。

民國83年台電公司，爲配合休閒產業發展，終於編列2100萬元修繕預算，

每扇門窗，每片磚瓦，皆按照考證結果，依原貌採用原材質，細心修護，並費心整建庭園，2年後，太子賓館終於煥然一新，幽雅矗立溪畔，迎接嶄新的產業遊憩文化願景。

太子賓館採用大量的上等檜木和黑檀木、櫻花木以及磚石建材，花費巨資打造，施工考究，防潮隔間工程毫不馬虎，循序漸進，完全運用日式建築的嚴謹模式施工，木構件則不用鐵釘，採用難度較高的接榫技巧，以營造一處近乎完美的居住空間。

太子賓館外觀多採木質雨淋板防護，並漆上高雅粉紫色，內部裝潢格局，極爲考究而且周詳，就連動線規劃，亦按照尊卑和次序規矩，絕不輕率。

太子賓館內部配置繁複，陳設簡單，而且門窗很多，彷彿一座迷宮，主要格局有正門玄關、太子書房、起居室、客廳、客房、侍衛起居室、休閒廳和衛浴設備等空間，處處窗明几淨。

房舍外觀多採粉紫色雨淋板結構，後院狹長空間，還規劃有迷你高爾夫道。

建築底層台基升高，以達到防潮作用，內部陳設以高級原木材質爲主，空間寬敞明亮，木質牆身還裝飾有圓形窗、花瓶窗和木櫺窗，並選用富士山與雲彩圖案，點綴期間，讓素雅建築瞬間鮮活起來。

日式庭園間，古木參天，曲水疊石，池塘、錦鯉和石燈籠，搭配繽紛的花圃，美不勝收，後院還匠心獨運，運用狹長空間，規劃迷你高爾夫球道，並利用駁坎平台作爲射箭場，也是獨具創意的精心規劃。

交通資料：
下國道1號瑞芳暖暖交流道，遁合2丁省道直行，至瑞芳右轉102縣道，經九份，轉北34鄉道，抵金瓜石黃金博物館園區。

注意事項：古蹟在金瓜石黃金博物館園區內，門票100元。

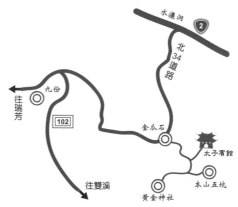

板橋林家花園

庭園首景便是汲古書屋，為林家藏書之所。

發現
台灣古蹟
Taiwan easy go

等　　級：二級古蹟
創建年代：清咸豐3年（1853年）
古蹟位置：台北縣板橋市西門街
　　　　　42-65及9號

　　林家花園，別名板橋別墅，亦稱林本源庭園，是北台灣著名的園林勝境，初建咸豐年間，完成於光緒19年，前後歷時近30年，花費銀兩高達50萬兩，和當時台北建城經費不相上下，可以想見園林的堂皇氣派和華麗之勝。

　　規模宏偉的林家園邸，為林維源兄弟，聯手增建五落新大厝之際，因維源居官，社交所需，而大幅擴建，並將庭園取名本源，乃取飲水思源之意。

　　園邸佔地近6000坪，座落於三落大厝東北側，自入口門樓，進入園區，右側燕尾脊翹，雕樑畫棟，金碧輝煌的古厝，即為林家舊宅「三落大厝」；大厝格局嚴謹，為三進兩護龍

來青閣為園內華麗樓宇，二樓迴廊雕欄，視野通透，適合眺望青山綠野得名。

方鑑齋書房，格局清雅，齋前戲亭，是主人看書或與文人墨客看戲之處。

合院式官建宅第，面寬長達九開間，十分氣派。

　　大厝前庭寬闊，綠樹盎然，宅前綠地間，豎立聖旨碑，是取自光緒6年，設立於新莊街之「尚義可風」牌坊；最前方是一泓碧波半月池，據說早期除了防火和防禦功能，還具備獨特「洗錢」作用，可以想像當年林家財富之鉅；池畔左右門樓為昔日入口，還遺留防盜禦敵的銃孔設施，見證當年社會的

迴廊透空，步移景異，自成一方天地，風韻別緻。

64

觀稼樓巍峨聳立，塗碧流丹，樓前設造形別致的書卷雲牆風華無限

意境風雅，雕工精緻的「開軒一笑」亭，為林家宴客時，主要唱戲之所。

紊亂景象。

首進門廳，正身五開間，中央明間為凹壽形式，格扇、員光雕飾繁複，對看堵磚雕精緻細膩，呈現富麗堂皇之貌，門額古匾題書「光祿第」，更突顯出林家官紳宅第的尊貴氣派。

大厝首進，額懸古匾「光祿第」，更突顯出林家官紳宅第的尊貴氣派。

二進為正廳，門額高懸光緒4年御賜「尚義可風」匾，左側設女婿窗，過水廊樹立成列歷代林氏家族的功名執事牌，更添官紳豪氣；後進祖廳與護龍間以梭柱裝飾，廳堂木作和磚雕泥塑及剪黏彩繪極美，具傳統建築藝術上乘境界，無論表現在瓜筒棟架或格扇窗櫺，及垂花雀替與牆體花磚組砌，均展現了清代工匠，深厚雕飾的功力，將古厝妝點的更加璀璨奪目。

庭園首景便是汲古書屋，為林家藏書之所，前設四柱軒亭，左側為著名的七弦竹叢，東側緊鄰方鑑齋書房，格局典雅，齋前戲亭，池水澄碧，荷花爭艷，環水築小橋曲徑，閒適靜謐，是林維源讀書或與文人墨客周旋看戲之處。

方鑑齋前方，聳立綠意濃密的百年古榕，樹旁來青閣簷角高喙，是一座歇山頂兩層式，宏偉的樓閣建築，二樓迴廊設透空雕欄，以便於遠眺青山綠野而得名。樓閣雕飾擺設華麗氣派，右側牆身遺留道光年間鑴刻的文人墨寶，相當珍貴，周圍置造型典雅的花牆廊道，令人留連。

定靜堂，裝飾華麗，中庭設典雅之穿廊走道，是園林間最大四合院。

樓閣前方設意境風雅，雕工精緻戲亭，名為「開軒一笑」亭，為歇山捲棚頂和八根圓柱組合而成的透空建築，也是林家宴客時，主要的唱戲之所。

穿過額題「橫虹臥月」之幽黑複道洞門，瞬間柳暗花明，進入雅致的香玉簃，為觀賞奇花異卉之閣前小屋，兩側有迴廊相接，自成一方天地，偏西而行，觀稼樓巍峨聳立，塗碧流丹，風華無限，樓

走過額題「橫虹臥月」之幽黑複道陸橋，瞬間柳暗花明，風情萬種。

花牆八角門，在藍天下，風情獨具。

前設造形別致的書卷雲牆，及水果窗和冰裂紋窗，樓後置軒亭與飼養孔雀的梅花亭，風情萬種。

接著穿過三角亭、海棠池，到達巨榕垂蔭的造景水域，亦被稱爲榕蔭大池，湖岸曲折幽深，置有釣魚磯、惜字亭和假山疊石，紆橋小徑，巧雕空透，形態互異的疊亭、方亭、八角亭、四角亭，迎風而立，亭影相隨，饒富趣味。

聖旨碑，是取自光緒6年，設立於新莊街之「尚義可風」牌坊頂端。

自香玉簃頂著曲折迴廊，抵月波水榭，這是座雙稜形並立的水岸建築，雕飾華麗，氣質高雅，座落於小湖之中，有橋登臨，岸邊假山石洞，洞題「拾級」，循徑迴旋而上，可登屋頂平台，眺望四周怡然的山光水色，令人心醉神馳。

定靜堂，爲昔日林家宴客之處，定靜堂之名出自於「定而後能靜」，兩側建置精巧多姿的低矮花牆，再搭配牆身蝴蝶與蝙蝠造形漏窗，景觀獨特，自然營造出林家花園的另類建築特色，廳堂寬敞，裝飾華麗，中庭設典雅之穿廊走道，宴客時，以不同走道劃分尊卑次序，十分別致，是園林最大面積的四合院建築，前院擺設了咖啡吧台，空氣裡飄散了淡淡咖啡香，適合體驗中西合璧的不同情境。

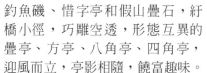

🚗 交通資料：

（1）下國道3號中和交流道，循中正路往板橋方向，轉106縣道，抵民權路和公館路口，左轉公館路，抵林本源庭園。

（2）台北搭捷運板橋土城線，府中站下車，循府中路、西門街抵林本源庭園。

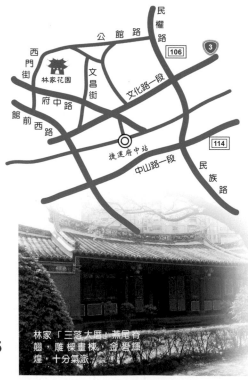

林家「三落大厝」燕尾脊翹，雕樑畫棟，金碧輝煌，十分氣派。

新莊廣福宮

> 等　　級：二級古蹟
> 創建年代：乾隆45年（1780年）
> 古蹟位置：台北縣新莊市新莊路150號

廣福宮是新莊古街，現存的四大古廟之一，也是唯一的二級古蹟，主祀「巾山、獨山、明山」三座山神祉，故尊稱爲三山國王廟，爲專屬潮州客籍聚落守護神，亦是了解粵籍移民遷徙拓墾滄桑軌跡的絕佳見證。

廣福宮簡潔典雅外觀，散發出濃濃的客家氣息，節慶時相當熱鬧。

新莊廣福宮位於頂街頭，亦即坐落在新莊古市街北段起點，前身爲「三山國王廟」據說初建於康熙末年，並毀於乾隆13年新莊街大火，直到乾隆45年（1780年），始由潮州移民劉炎光、劉南山購置廟前店產，並倡議重建。

新莊平原大規模開發，始自清康熙末年，有康熙48年陳賴章墾號，和任職台北的通事劉和林積極入墾，尤其乾隆26年（1761年），其子劉承纘，修築「劉厝圳」又稱萬安陂，成功通水後，讓新莊街成爲稻米盛產重鎮，加以當時又有了水利古道交通之便，自然成爲北部貨物交易集散中心，商機自然益見繁榮。

廣福宮建廟之際，正值新莊市街商賈雲集，河港巨舟輻輳，獨占北台灣政經鰲頭地位，自然展現當時粵籍人士在當地雄厚的經濟實力。

可惜隨著大嵙崁溪逐漸淤積，水運交通優勢盡失，加上道光年間頻繁的閩粵械鬥，讓純樸的客家族群，逐漸遷離興直堡，移往桃園、中壢一帶，廣

1 1.廣福宮是新莊古街，現存的四大古廟，也是客籍遷徙移民的絕佳見證。

2 2.正殿供俸三山國王神像，殿內雕工細膩精彩。

3 3.從三川殿步口廊對看垛鳳凰麒麟石雕，國內罕見。

木雕作品，雕工細膩，卻鮮少
添加彩繪，流露一份客家寺廟
獨特的素雅味道。

太平有象石雕，為國內廟
宇罕見作品，古雅簡樸。

交通資料：
下國道1號五股交流道，接
107甲縣道（新五路一段）
注新莊市區方向，右轉省
道1號中山路，抵106縣道
岔路，再左轉新泰路直
行，抵新莊路後再度左進
過武聖廟、慈祐宮，再跨
越大觀路抵廣福宮。

福宮香火亦日漸式微，自然
無力維修整建，始能維持百
年古廟風采迄今。

斑駁的廣福宮面寬三開
間，屬於三進兩廊式長條狀
街屋格局，廟前有座新莊街
最古老土地公廟，乾隆15年
原立有「奉兩憲示禁碑」，
今已移至廣福宮內。

廟前石獅，造型簡樸，
可能係清代中葉作品。

走進石欄杆圍繞前庭，廣福宮簡潔典雅外
觀，散發出濃濃的客家氣息，前殿屋頂採用三川
脊，以示隆重；前步口廊立面，多採鄰近的觀音
山石，廟前龍柱、石獅可能係清代中葉作品。

三川殿步口廊對看垛鳳凰麒麟與太平有象石
刻，均為國內廟宇罕見作品；牆身龍虎垛、螭虎
團窗，及立面牆垛和門柱楹聯等古雅石雕，拙樸
精緻，線條流暢，為光緒17年（1891年）重建時
原貌，十分珍貴。

兩方黝黑的清代古碑，則被鑲嵌於左邊牆
身，正殿抬樑式木棟架，粗獷沉穩，展現潮州粵
式建築的大方特色；正殿供俸三山國王神像，後
殿則奉祀梳有客家髮髻的三山國王夫人，廟內繽
紛的木雕，作品精緻，雕工細膩精彩，卻鮮少添
加彩繪，流露一份客家寺廟獨特的素雅古樸味
道，令人難忘。

廣福宮簡潔典雅外觀，散發出濃濃的客家氣
息，為潮州客籍聚落守護神。

深坑永安居

等　　級：	三級古蹟
創建年代：	大正元年（1912年）
古蹟位置：	台北縣深坑鄉萬順村
	萬順寮1號

永安居位於山豬窟 山南稜尾端山麓，為紫雲黃家著名古宅之一

　　深坑舊名簪櫻，四面環山，以位居景美溪山稜尾端的低陷坑谷而得名，甘醇甜美的溪水，成就了當地著名的臭豆腐特產，而古老山城間美麗自然風光，更吸引了無數慕名而至的各地遊客。

　　「永安居」，創建於大正元年（1912年），三年後完工，由於地處番害械鬥頻仍山區，故以「永久平安居住」之傳統居家精神，命名「永安居」。

古厝凹壽門廳，額題「永安居」，四周剪黏陶燒綴飾，精緻繽紛。

　　永安居位於山豬窟山南稜尾端山麓，為紫雲黃家著名古宅之一；正廳為火庫起結構，置於宅第最高點，以彰顯對祖先的尊崇，外觀採用筆架山砂岩，及日製清水磚砌成，厚實穩重，屋脊燕尾翹首，脊飾送子麒麟和鳳凰、花果等繽紛剪黏。

水形馬背的雅致門樓，佇立宅第前方，隱匿處還設有銃孔防禦。

　　前院臺基為順應山勢傾斜地理環境，砌為雙層，自古樸入口門樓眺望，形成三重逐次昇高格局，風華獨具，為當地著名地標，也是台灣十大民宅之一，經內政部核定為國家三級古蹟。

　　永安居背山面水，環境絕佳，為風水學形容之「後山為屏，前水為鏡」的玉帶水吉地，古宅依山而建，主體建築自公路斜坡而上，水形馬背的雅致門樓，佇立宅第前方，門後隱匿處並設有銃孔防禦。

　　宅第最醒目焦點，無非是左右護龍屋頂，銳

古厝正廳，配置鮮豔彩瓷和剪黏陶燒，及石刻木雕鑲飾，建築考究。

大廳牆身疊石為基，搭配不斷壽紋磚雕及海棠窗鑲飾，清雅大方。

狀火形馬背，和鮮麗的雲形懸魚泥塑與綠釉花窗，除具防禦裝飾及通風功能外，也進一步襯托出古宅的尊貴。

黃氏古厝正廳，建築細致考究，正堂額題「永安居」，周圍配上鮮豔瓷磚和剪黏陶燒鑲飾；門楣橫聯為「紫氣盈門見彩雲」，簡單詞句就將永安居紫雲衍派傳承精髓清楚闡釋；壁堵間裝飾精彩泥塑，以及石刻和磚雕，其中以門柱下方腰門的門擋石雕，最具特色；右為唐夫人侍親哺乳，左為背米養母的子路，人物栩栩如生，意境深遠。

仔細觀察，大廳牆身疊石為基，上半部則以不斷壽紋磚雕鑲飾，典雅海棠窗下，留設有隱密銃孔，是因應當年盜賊橫行，精巧的防禦設計；廂房牆面高處，附設紅色方磚兔耳，可以穿過竹桿，方便架設竹簾防熱和曝曬衣物，貼心而實用。

門柱下方腰門門擋石雕，為唐夫人侍親哺乳，人物栩栩如生，意境深遠。

宅第內部多採用福州杉棟架，屋裡收藏有精緻書畫，並以鮮麗的瓷磚舖面，明亮獨特；左右廂房，依舊擺設早年使用的仿古原木櫥櫃、紅眠床等古老傢俱和

護龍造型華麗的火形馬背與泥塑花窗襯托出古宅的尊貴。

典雅海棠窗下，留設有隱密銃孔，是因應當年盜賊橫行，精巧的防禦設計。

自古樸門樓眺望，宅第護龍形成三重逐次昇高格局，風華獨具。

【草嶺古道虎字碑】

生活器皿以及燒柴古灶等，引人發思古幽情。

　　永安居附近舊街，遊客常不經意發現，點綴有巴洛克風格的洋樓式樣建築，讓人驚艷；而擁擠老街上，更是處處可見，口感細嫩勁辣的招牌豆腐宴，四處飄香，令人垂涎，爲深坑老街增添迷人的飲食文化魅力，自然也成爲遊客造訪的目光焦點。

草嶺古道虎字碑

巨大砂岩上，以草書筆觸一氣呵成，勁刻碩大的虎字，喻鎮風之意。

等　　級：三級古蹟
創建年代：嘉慶12年（1807年）
古蹟位置：台北縣貢寮鄉遠望坑段草嶺山

　　草嶺古道係清代中葉修築的淡蘭古道南段，因山徑最高點，正好跨越草嶺山（灣頭坑山海拔617公尺）北鞍，而得名。

　　淡蘭古道，爲清代淡水廳連絡蛤瑪蘭廳的官建道路，也是兩地間唯一的陸路交通孔道，路線自瑞芳四腳亭出發，經過蛇仔形，越過險峻的三貂嶺大山，一路穿梭在榛莽叢生的林壑之間，到達頂雙溪，復循遠望坑溪源頭，翻越草嶺山北鞍，急降大里簡海岸，再徒步至頭城。

　　清乾隆末葉，開蘭始祖吳沙，首次踏

溪畔古榕樹爲山口，草嶺古道應循林間石階步道拾級而上

「雄鎮蠻煙」碑，字體蒼勁，四周刻有枇樸紋飾，更襯托出古碑典雅意境。

順遠望坑溪而行，沿途山色青翠，水聲淙淙，景致清新。

上蛤瑪蘭土地，發現當地水源豐沛，地饒人稀，值得深入拓墾，遂於嘉慶元年，請領淡水廳墾單　，率眾深入頭城一帶墾荒，爲台灣後山宜蘭，開創歷史新紀元，也掀起了一股前往後山墾荒的熱潮。

此後淡蘭古道移民絡繹不絕，也踏出了原始古道雛型，但當年路況曾被蛤瑪蘭道判姚瑩形容：「盤石曲磴而上…窄徑懸磴，草樹蒙翳，仰不見日色，下臨深淵，不見流水，惟聞聲淙淙終日如雷…」可想像山道艱險。

嘉慶11年台灣知府楊廷里爲解決墾民入蘭當務之急，沿原始古道擴建，並調整部分路線，以降低險峻路徑程度，這也是淡蘭古道肇建之始。

道光3年板橋林家墾地一度擴展到蛤瑪蘭，爲便利行旅，遂捐鉅資，再度擴建楊廷里所闢古道；咸豐六年其子國華修築三貂嶺路線，讓古道路線趨於穩定。

跌死馬橋，造型古意，整修後極為安全穩固。

清同治六年，臺鎮使者劉明燈，再度率兵修築，留下了三塊鐫刻在岩石上的不朽石碑，分別是三貂嶺的金字碑，草嶺古道山腹的雄鎮蠻煙碑，以及草嶺北鞍下方溪源的虎字碑。

草嶺古道自貢寮火車站，循指標溯遠望坑溪而行，沿途山色青翠，水聲淙淙，梯田農舍，野花爭艷，途經拱形橋、跌死馬橋，抵溪畔古榕樹下，循林間石階步道拾級而上，坡度漸陡，再10餘分鐘，即可抵達雄鎮蠻煙碑，巨大碑石坐落松林間，高逾2公尺，幅寬近4公尺，橫幅勁書「雄鎮蠻煙」行書字體，筆鋒蒼勁氣勢萬千，

南側草浪搖曳的芒草山坡上，建有數座瞭望台，提供遊客休憩賞景。

四周刻有拙樸紋飾，更襯托出古碑的典雅意境。

此後古道迤邐在翠綠濃密闊葉樹林裡，山徑坡度漸漸趨緩，過瞭望台，樹木漸稀風漸大，祇見山坡上長滿了芒草，草浪搖曳，別有一番風情；鞍部下方約50公尺處，虎字碑，就在眼前，路旁可見巨大砂岩上，以草書筆觸一氣呵成，勁刻碩大的虎字，氣勢飛揚，具有置虎碑以鎮狂風之意。

草嶺山北鞍，寬闊平坦，視野絕佳，路口有一座昭和11年以石塊砌築的小型福德祠，往東可俯瞰太平洋和龜山島的浩瀚海景，南側山稜建有數座瞭望台，供遊客休憩賞景。

自北鞍循之字形石板古道，通過客棧遺址、護管所，抵大里慶雲宮（天公廟），結束古道之旅；綜觀草嶺古道全線約7公里，落差近300公尺，費時約200分鐘，沿途自然生態豐腴，是一條老少咸宜的遊憩路線。

昭和11年以石塊砌築的小型福德祠，座落草嶺山鞍部，視野絕佳。

「雄鎮蠻煙」碑，坐落在翠綠濃密樹林裡，碑石有斷裂崩落痕跡。

🚗 交通資料：

（1）搭乘平快火車，在貢寮站下車，或從大里站下車循指標縱走。

（2）下國道1號瑞芳暖暖交流道，循台2丁省道直行，至瑞芳右轉102縣道，經九份、雙溪，抵遠望坑口入山。

（3）下國道1號瑞芳暖暖交流道，循台2丁省道直行，接濱海公路，過鹽寮、龍門，右轉102縣道抵遠望坑口入山。

典雅的木質瞭望台前方，勁生整片野薑花叢，夏日登臨，花香撲鼻。

鞍部下方約50公尺處，山谷間，草書虎字碑，就在眼前，令人震撼。

龍潭聖蹟亭

等　　級：三級古蹟
創建年代：光緒1年（1875年）
古蹟位置：桃園縣龍潭鄉聖亭路邊

聖蹟亭山門，屬於近代增建的嶄新入口，有助於輕鬆尋訪古蹟。

聖蹟亭建築為中軸對稱的凸形設計，格局為三進兩門式，井然有序。

聖蹟亭又稱敬字亭或惜字亭，國內被列為三級古蹟的聖蹟亭，共有四處，除了龍潭鄉，還有竹山社寮敬字亭，和瀰濃庄敬字亭及枋寮鄉石頭營聖蹟亭，多分布在客家族群活躍地區，也見證了客籍先民敬字崇文的高尚文化。

龍潭聖蹟亭，屬於文字崇祀古蹟，這是為了尊崇「字神」倉頡造字艱辛，同時也受到傳統「文字有神可通天」哲思影響。

古蹟創建於光緒元年（1875年），亭身規模高大，為國內最壯觀的聖亭建築；最初由監生古象賢、楊鳳翔等鄉賢發起倡建，光緒18年首度重修，一直到大正14年（1925年），才進行首次大規模移基改向，亭體重砌工程，並敬獻石燈籠，也奠定了今日完整的風貌和基礎。

伸手石柱上，僅剩斑駁公獅形單影隻，流露出淡淡的落寞之憾。

聖蹟亭面積約950平方公尺，建築平面為中軸對稱的凸形設計，格局完備，井然有序，其配置為三進兩門式，路邊外門則屬近代增建的嶄新入口。

進入古蹟園區，第一進頭門，以錐形磚柱和灌木綠圍籬隔開院落，外圍散佈著不同年代碑記，是閱讀聖蹟亭文化的基礎資訊。

第二進中門，砌有弧線優美的雲牆八字門，中間參拜道兩側，各設洗石子材質的石筆綴飾，八字門前端伸手石柱上，原本造型可愛的母獅遭竊後，僅剩斑駁公獅形單影隻，好似望穿秋水般，流露出淡淡的落寞之憾。

龍潭聖蹟亭，亭身高大，為國內規模最壯觀的聖亭建築。

跨越中門便進入祭祀平台區，這裡設有兩面洗石子桌檯，近中門為祭台，原有麒麟香爐也已遺失，近爐體則為置放祭品的供桌，地面上鑲方形拜砧，為信徒持香祭祀之處。

最內側即為神聖的聖蹟亭爐體和基座所在，雙層基座以洗石子工法施工，四個角落雕塑外形

75

基座以洗石子工法施工，角落雕塑外形可愛的螭龍吞腳圖案，極具特色。

大正年間亭體重砌移基改向時，敬獻石燈籠，依然佇立亭畔。

可愛的螭龍吞腳圖案，檯面則以透空紅磚矮牆環繞，並以各式短柱串聯，極具特色。

聖蹟亭高達一丈八尺，採砂岩和花崗岩石材混合疊砌，爐體分為底座，爐身和爐頂三個部分，整體格局搭配風水學，取八卦四象六氣的吉祥形制施作；底座八角形，象徵八卦，中央鑲嵌立體石雕「麟吐玉書」，而左右兩側則為活靈活現的「飛鳳啣書」和「玉獅含劍」浮雕，象徵當地崇文尚武的精緻文化。

爐身中央為拱形字紙投入口，上方被煙燻黑的橫批勁書「過化存神」，頂端則額刻「文運宏開」，焚紙口和四周柱聯題滿了詩詞佳句，讓人深思，並感動於文字的優美。

六角攢尖爐頂浮雕雙龍搶珠，上置葫蘆煙囪，整座建築傳達出莊嚴空靈意境。

爐背為捐款名錄和兩儀太極圖，左側四塊岩板，分別撰刻光緒元年建亭碑序和重建碑記；右側石板則記載大正14年重建碑記，完整記錄了聖亭的珍貴歷史。

爐頂正面浮雕雙龍搶珠，中央本有「聖蹟」二字，可惜已經風化剝蝕，頂端為六角攢尖頂，上覆葫蘆煙囪，整座建築傳達出莊嚴空靈意境，讓人神往。

🚗 交通資料：

下國道3號龍潭交流道，轉大昌路二段，接台3號省道（中山路），過中豐路，抵聖亭路右轉約100公尺左側。

桃園神社

等　　　級：三級古蹟
創建年代：昭和10年（1935年）
古蹟位置：桃園市成功路200號

　　桃園神社為台灣碩果僅存最完整的日本神社，位於桃園市東側綠樹蔥鬱的虎頭山，向西南延伸尾稜山麓，典雅日式神社便坐落其間，佔地遼闊，背山面水，視野絕佳，是當地居民，早起運動和假日休閒的熱門地點。

　　桃園神社原名新竹州神社，自昭和10年（1935年）開始籌建，由當時桃園郡守谷義廉精心選址，擇定後，呈報新竹州知事赤堀鐵吉核可興建，並於三年後竣工落成，舉行鎮座儀式，同時每年均在神社舉行新年祭、紀元祭等熱鬧慶典；光復後新竹縣長劉啓光，提議改為新竹縣忠烈祠，民國39年桃園設縣，又改稱桃園忠烈祠。

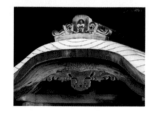

　　1937年中國對日抗戰全面爆發，日本為遂行皇民化運動，於是廣建神社，在各地興工修築祭祀日本天照大神之中、小型神社，一時島內神社如雨後春筍般到處林立，就連台灣海拔最高的玉山頂，及北大武山前，均有小型神祠屹立山頭，當時全省各地神社數量多達數百座，可惜台灣光復後，多已遭受破壞，拆除殆盡。

神社前庭，高大鳥居和石燈籠夾道而立，為神社增添繽紛風華。

	1.桃園神社原名新竹州神社，為台灣碩果僅存最完整的日本神社建築。
1	
2	2.參拜道依山而建，是日本神社建築的基本元素。
3	3.古意的社務所屋頂，為仿唐宋博風式建築，木雕精細，極具美感。

　　桃園神社堂構輝煌，殿廊堅實，屋頂銅瓦古樸典雅，工藝細膩，古意盎然，

76

亦是台灣最後一座格局完備之和風神社，它不但記錄日本侵華史實，亦具惕勵國人心性作用，極具歷史意義和代表性，雖一度面臨拆毀命運，最後終被納入古蹟保存，並進行全面檢修，於民國76年元月正式完工。

桃園神社，座落於蒼翠森蔚的山林之間，古木參天，綠意盎然，格局完備，自參拜道石階，拾級而上，步入神社前庭，兩側俱是古樸典雅的石燈籠夾道而立，穿過額題「民族正氣」高大鳥居下方，右方矗立斑駁古意的神社社務所，為仿唐宋博風式建築，前方軒亭為捲棚構造，屋頂披上綠鏽銅瓦，前方並有精細木雕裝飾，極具美感。

拜殿中央置石製香爐，廂廊內奉祀烈士忠靈牌位，為抗日志士安棲之所。

左側和風式亭榭，稱水盤舍，內置石質水塢供淨手之用；拾級而上，路旁豎立雕塑精緻神馬和造形威猛的狛犬，以鎮護神社；自山門參道進入神苑，迎面而來，是門額上一方由桃園第一屆縣長題名的「國魂」匾額，主建築又分拜殿和本殿，整體建築皆為檜木結構，隱隱散發淡淡檜木香氣，木材紋理細緻分明，自然透露其飽經風霜歲月痕跡，屋頂則以氧化的綠鏽銅片披覆，流露出獨特的和風美感。

山門參拜道兩側，豎立造形威猛的狛犬，以鎮護神社。

拜殿中間設石製香爐，廂廊內奉祀無數烈士牌位，為抗日忠靈含笑安棲之所，正堂牆上懸掛諸多政要名流贈送匾額，後殿為神格最高的本殿，設置在忠烈祠位置最高點，格局雖然不大，但均為上

神社格扇門為檜木結構，並以鏤空雲紋綠鏽銅片綴飾，典雅迷人。

斑駁古意的社務所為仿唐宋博風式建築

水盤舍，內置石質水塢供淨手之
用，流露出獨特的和風美感。

等檜木精實結構，莊嚴肅穆，形制
嚴謹，加以兩側空地花木扶疏，綠
草如茵，遍植櫻花，更為神社增添
繽紛風華。

交通資料：

下國道1號南崁交流道，往桃園市區方
向，經省道4號春日路、三民路，左轉
桃11鄉道成功路經虎頭山公園，抵桃園
忠烈祠。

新竹迎曦門

等　　　級：二級古蹟
創建年代：道光7年（1827年）
古蹟位置：新竹市東區中正路
　　　　　東門圓環

古城迎曦門，默默見證了新竹
風城，紛繁變化百餘年的發展
歷史。

　　新竹古城迎曦門，原為淡水廳竹塹城
東門城樓，創建於清道光7年（1827年），為
清代中葉創建的少數古城遺蹟，默默見證了
新竹風城，紛繁變化百餘年的發展歷史。

　　事實上竹塹古城初設，可追溯到雍正
11年（1733年）置淡水廳後，同知徐治民，
環植莿竹叢做為城垣，並設四門，稱「竹塹
城」，這也是當地建城的濫觴。

　　嘉慶11年（1806年），為了強化防禦功
能，便在莿竹古城
外圍，再增築一道
土牆，城周也陸續
擴大為1400餘丈，
整整暴增近3倍面
積；道光6年開台進

迎曦門古色古香，假日總
吸引不少遊客參觀。

1.新竹迎曦門，融合附近巴洛克建築老街，讓懷舊古城有了嶄新風貌。
2.綠蔭濃密的護城河畔，清爽幽靜，已成為民眾遊憩漫步之所。

士鄭用錫和淡水同知李愼彝，為長治久安之策，同時奏請改築磚石城垣。

　　奏准後，便重新勘界定線，蒐購建城用地，隔年（1827年）正式動工興建，2年後完工，並由台灣府知府鄧傳安撰文勒石立碑，碑名「新建台灣府淡水廳城碑記」置放於古城左側，以彰顯築城榮耀。

乾淨的護城河道，成了水鳥覓食天堂。

　　竹塹城周800餘丈，城高1丈八尺，牆基寬1丈6尺，牆面馬道寬1丈2尺，可發現城垣剖面為上窄底寬的梯形狀，以確保城垣安全穩定；城垛雉堞，採堅硬的燕子磚砌成，並深挖壕溝，開水洞，築砲台，建城門樓，總計耗用銀兩14萬7千餘元，在當時亦屬一項重大工程建設。

迎曦門城樓，採華麗歇山重簷屋頂，燕尾起翹，曲線柔和，十分壯麗。

　　四座城門，皆築有造型華麗的門樓，依風水方位和坐向命名，東門「迎曦」、西門「挹爽」、南門「歌薰」、北門「拱辰」，清末光緒元年，淡水廳改制新竹縣，竹塹城，自此改稱新竹城，明治34年（1901年）一場北門街大火，將拱辰門燒光，隔年實施街道改正計畫，古城牆和西門、南門被拆除殆盡，僅剩「迎曦門」孤零零的屹立在綠蔭濃密的護城河畔，供人憑弔。

　　可惜往日木構的東城門樓，已依原貌改建為水泥材質，立面3開間，形如樓閣，屋頂仍為華麗的歇山重簷式，屋脊燕尾起翹，曲線柔和，簷下設斗栱和吊筒垂花，並聳立24根列柱及燕子磚雉堞，外觀依舊古色古香，引人注目，並在迎曦門城樓旁，栽植竹子，以突顯竹塹古城的文化精神。

迎曦門城樓旁，栽植竹子，以突顯竹塹古城的文化精神。

河道藝廊和詩牆、環城步道，打造成新竹迷人的水岸親水文化空間。

城樓置斗拱垂花，並聳立24根列柱及燕子磚雉堞，外觀依舊古色古香。

底座拱狀城門洞，為古城通道，亦具有重要防禦功能，仍保留厚實的岩石結構材質，採縱聯石發卷拱圈式樣建造，砌工細緻，門額鐫刻「迎曦」及「道光戊子季冬，署同知李愼彝監造」字樣，極具藝術價值，日治昭和10年還被指定為歷史古蹟。

20世紀末，新竹市政府，將古城和附近環境結合，並運用新科技五光十色的光雕設計，打造成水岸親水文化空間，築詩牆、環城步道、河道藝廊，並融合附近巴洛克建築古街…等，讓懷舊古城有了嶄新風貌，成了新竹之心，也讓古蹟再度新生，而鮮活起來。

交通資料：
下國道1號新竹交流道，注新竹市區方向，經縣道122號先渡路二段，過縱貫鐵路後，接民族路，轉東門街抵迎曦門。

李錫金孝子坊

李錫金孝子坊，是國內唯一奉旨褒揚孝行而建的石牌坊，具有獨特歷史地位。

等　　級	：三級古蹟
創建年代	：光緒8年（1882年）
古蹟位置	：新竹市東區柴橋里明湖路484巷附近

李錫金孝子坊，屬於欽定大清會典，明定旌表的節孝事例，創建於清光緒8年（1882年），原矗立在竹塹古城北門外，湳仔庄（今湳雅街）附近，民國50年才將牌坊遷移現址迄今；李錫金孝子坊，是國內唯一奉旨褒揚孝行而建的石牌坊，具有獨特歷史地位，主要表彰對象，為旌表新竹縣原籍晉江，誥封奉直大夫國學生李錫金。

李錫金，出生清乾隆51年，幼年家境貧困，14歲喪父，但侍母至孝，傳頌鄉里，17歲便隨伯父渡海來台，學習經商，嘉慶11年（1806年），淡水廳竹塹土城完工後，選在城內米市街經營商店，因待人誠懇親切且樂善好施，致生意興隆，資產日增。

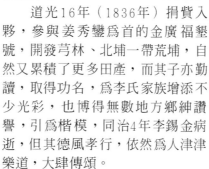

柱坊簷下為青斗石雕鑿的雙龍搶珠紋飾聖旨碑，以彰顯旌表者最高榮耀

【李錫金孝子坊】

額匾的兩面題書「孝子」二字，事蹟坊正面則以簡潔文字描述李錫金坊屬性。

孝子坊次間花堵中柱，可觀賞斑駁雕刻，和福建按察使司張夢元署名題詞。

道光16年（1836年）捐貲入夥，參與姜秀鑾為首的金廣福墾號，開發芎林、北埔一帶荒埔，自然又累積了更多田產，而其子亦勤讀，取得功名，為李氏家族增添不少光彩，也博得無數地方鄉紳讚譽，引為楷模，同治4年李錫金病逝，但其德風孝行，依然為人津津樂道，大肆傳頌。

光緒5年（1879年），新竹縣廩生林鵬霄、知縣李郁階奏請清廷，賜坊表彰，藉以教化人心，2年後請准建坊，隔年正式興建。

孝子坊為4柱3間3層式牌坊，主構件以泉州白石為主要建材，柱坊間以榫銜接，頂層脊飾中央為葫蘆，兩側則是頭下腳上的鰲魚，翼角微翹，簷下為青斗石雕鑿的雙龍搶珠紋飾聖旨碑，以彰顯受旌表者最高榮耀。

兩面額匾均題書「孝子」二字，字跡蒼勁渾厚，將牌坊屬性展露無疑，匾額下方的事蹟坊，正面以簡潔文字描述李錫金坊沿革，背面則鐫刻會請旌表芳名錄，包括閩浙總督部堂何璟、福建巡撫部院勒方錡和按察使司張夢元及台灣府知府陳星聚…等，亦足以想見李氏影響力深遠。

最底下大楣橫額，前雕雙龍搶珠，後雕雙鳳，柱間雕花堵，則以吉祥花鳥孝悌故事圖案為主，直立石柱兩面均鐫刻對聯，通常以當地名人題寫，中央門柱即請台灣府知府陳星聚題詞，柱基前後則安放葫蘆狀夾杆石，以穩定牌坊，這也是孝子坊極具特色雕飾作品。

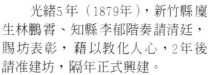

孝子坊中柱顯示，台灣府三品知府陳星聚題詞，可以想見李氏影響力深遠。

柱基前後安放葫蘆狀夾杆石，穩定牌坊，這也是孝子坊極具特色雕飾作品。

🚗 交通資料：

下國道3號茄苳、香山交流道，注新竹市區青草湖、明湖路方向，在新竹客運駕訓班旁。

新竹城隍廟

新竹城隍廟，屬官建城隍廟，三川殿屋頂採牌樓式升簷結構，莊嚴華麗。

三川殿門前鎮殿青斗石獅，拙樸可愛的神情，總是讓人驚艷。

等　　　級：三級古蹟
創建年代：乾隆13年（1748年）
古蹟位置：新竹市北區中山路75號

　　新竹城隍廟創建於清乾隆13年（1748年），由當地富紳王世傑獻地，淡水同知曾日瑛倡建，屬官建城隍廟，而當地淡水同知署卻遲至8年後才完工，是國內唯一城隍廟先於廳治興建完成的先例，主因便是彰化和淡水分治，淡水同知王錫縉延遲將原設在彰化的廳治遷回所造成。

　　城隍廟坐落在舊淡水廳治右側，廟貌初爲市街內常見的兩進兩廊式建築，清嘉慶4年（1799年），當地同知捐建主祀觀音菩薩的後殿，遂成爲三進格局；而嘉慶8年同知胡應魁，在廟右添建佛祖殿（今法蓮寺），後殿則改奉城隍夫人和註生娘娘，讓廟貌產生了結構性重大變化。

三川殿中門兩側夔龍團爐石
雕窗，雕工細膩靈巧，極具
藝術之美。

城隍廟前廣場，也孕育出新竹令人垂涎的風味小
吃，不宜忽略了。

「金門保障」匾額係光緒皇帝
御賜，「理陰贊陽」則為開
台進士鄭用錫古匾。

新竹都城隍廟，歷史悠久，吸引
了許多來自各地的進香人潮。

　　道光8年同知李愼彝在新建竹塹城完工後，也
一併整修城隍廟，光緒17年又再度修整，日治大
正13年，鄭肇基幸運延請了泉州溪底派匠師王益
順，進行大規模整建，也確立了今日現存的寺廟
風貌。

　　城隍廟佔地569坪，建坪近200坪，爲一幢三
殿兩廊左帶觀音殿不對稱建築，三川殿面寬三開
間，屋頂採牌樓式升簷結構，明間屋簷略高，讓
交接處樑坊雀替，產生高低錯落，變化之美，和
同期陳應彬擅長的歇山假四垂，有異曲同工之
妙。

　　三川殿前步口廊，裝飾繁複，雕作精巧，彩
飾金碧輝煌，簷下網目斗栱和桁樑彩繪細膩生
動，中央兩端刻意安置一對吊筒，並增加一小段
托木，獨特的是前方豎材，竟然雕刻了三段主
題，自上而下，分別是祈求平安、孔明的空城計
和樊梨花破白虎關，豐富造型和雕飾
素材，也讓整體建築更加莊嚴和諧，
這也是寺廟少見的創意傑作。

　　前殿雕飾題材更加豐富，垂花造
型多變，獅座和員光文武場人物以及
飛天童子、胡服力士，表情動作細
膩，層次分明，其間的花鳥水族動物
更是栩栩如生，後步口兩隻螃蟹，大
螯還緊握筆墨和金錠，鮮活生動，顯

雕塑精緻的捕快怒爺和樂爺神像,為國內少見神祇

現極高的藝術價值。

三川殿龍柱為安山岩質,前後簷口各配置一對,這也是極講究做法,步口立面,應用沉穩厚實石雕,將淡色花崗石和青斗石巧妙搭配,同時運用透雕、水磨沉花、剔地起突…等不同雕刻技巧,創造出豐富多樣的聖廟意境,尤其夔龍團爐石雕窗,雕工細膩靈巧,仔細欣賞門前那對青斗石獅,拙樸可愛的神情,更是讓人驚艷。

正殿龍柱為略帶粉紅色花崗石,質感溫潤,應屬早期精品,三通金柱木構架屬泉州式,瓜筒瘦長,鳳凰雀替和神龕旁螭虎團窗木雕,均屬上乘之作。

廟內擁有許多珍貴文物,其中「金門保障」匾額係光緒皇帝御賜,另有「理陰贊陽」則為當地開台進士鄭用錫,在咸豐壬子年留下的古匾,此外石碑、神桌、古香爐以及雕塑精緻的神像,鐵算盤和聖旨籃內聖旨贋品,也都是城隍廟珍貴的歷史文物,不宜忽略了。

此外城隍廟前廣場,也孕育出新竹特產,包括貢丸、米粉、肉圓…等,令人垂涎的風味小吃,探訪古蹟之旅,亦不可忽略。

三川殿屋簷交接處,因升簷結構,讓樑枋雀替,產生高低錯落,變化之美。

🚗 交通資料:

下國道1號新竹交流道,注新竹市區方向,經縣道122號光復路二段,過縱貫鐵路後,接民族路,轉東門街直行,至中山路口。

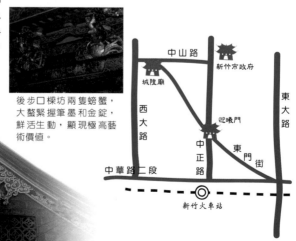

後步口樑枋兩隻螃蟹,大螯緊握筆墨和金錠,鮮活生動,顯現極高藝術價值。

正殿山牆繽紛的夔龍懸魚剪黏泥塑,十分出色,引人入勝。

新竹鄭氏家廟

等　　級：三級古蹟

創建年代：咸豐3年（1853年）

古蹟位置：新竹市北區北門街
　　　　　185號

　　國內著名的鄭氏家廟，有台南、關西和新竹三處，由於建築風格獨特，加以具有地方性開發歷史意義，都被劃爲三級古蹟保存。

　　新竹鄭氏家廟，爲台灣首位以清代保障名額進士及第的鄭用錫家族所興建家廟，自然擁有重要歷史地位。

家廟前庭，矗立鄭用錫和鄭用鑑高中舉人石質旗竿台，彰顯家族的官宦地位。

　　家廟係開台進士鄭用錫，藉母親年邁之詞，辭官返台後，於咸豐3年，夥同家族另位考取拔元的鄭用鑑倡議興建，並由家族8大房共同分攤建祠費用，工程隨即展開，隔年完工。

　　鄭氏家廟，坐落在家族聚落左方大位，以厚重壓艙石條砌建的前庭，矗立著鄭用錫和鄭用鑑高中舉人時，設立的兩對石質旗竿台，彰顯家族的官宦顯赫地位。

　　家廟原爲兩進兩廊式格局，前殿面寬三開間，採三川式屋頂，翼角脊線飛揚，弧度優美，並採用傳統筒瓦和瓦檔裝飾屋坡，前步口雕塑彩繪繁複，爲防止遭受破壞，採用柵欄阻隔，雖有些遺憾，也顯示民眾公德心亟待加強。

　　前殿門額高懸「鄭氏家廟」匾額，臺基以石材疊砌，具有防潮作用，牆堵則採木雕

1. 新竹鄭氏家廟，爲開台進士鄭用錫家族所興建家廟，擁有重要歷史地位。

2. 鄭氏家廟，爲其後代族人爲宏揚祖德，闡揚孝道，所建家廟。

3. 左護龍鄉賢祠，崇祀鄭崇和與鄭用錫父子，及拔元鄭用鑑，以彰顯鄭家門風。

鄭氏家族文風鼎盛，留下許多官名匾和獨特的功名執事牌。

「進士」匾為鄭用錫殿試及第後，獻存家廟，以光耀門楣

和斗子砌裝飾，古意盎然，門前設抱鼓石，身堵螭虎團爐木雕窗，雕工細緻，色彩繽紛，底層為仁獸麒麟堵石雕，兩側牆堵，還裝飾許多以黑色為底的精緻泥塑磚雕，簷下吊筒垂花插角木雕素雅，將家廟粧點的更具莊嚴神祕色彩。

正殿空間高敞，神龕花罩裝飾許多木雕精緻小品，奉祀鄭氏歷代祖先牌位，頂端則為象徵堂號的「滎陽世澤」匾，樑下位置最高點，則是三座雕飾妍麗，御賜詔書的承放牌座，為家廟內最珍貴文物。

家廟左護龍，近年重新增修鄉賢祠，崇祀獲准入祀的鄭氏家族成員，其中為鄭崇和與鄭用錫父子，和叔姪輩拔元鄭用鑑，以彰顯鄭家門風。

鄭氏家族文風鼎盛，聰慧勤讀，飽覽經書，歷代弟子，有多人功名及第，留下許多官名匾和功名匾額，為家廟光耀門楣，著名有鄭用錫「春官大夫」和「進士」匾，還有鄭用鑑「拔元」匾，以及國內少見的「太守」「優魁」「恩元」…等古匾，文物豐富珍貴，值得欣賞。

博古堵木雕空間不大，圖案內容，卻涵括了許多吉祥祈求。

🚗 交通資料：

下國道1號新竹交流道，注新竹市區方向，經縣道122號先濆路二段，過縱貫鐵路後，接東大路一段，至北大路左轉，抵北門街右行抵鄭氏家廟。

86

正殿神龕花罩，裝飾許多木雕精緻小品，「滎陽世澤」匾，為家廟珍貴文物。

新竹市政府（新竹州廳）

一樓廳舍以磚石混合砌造，外牆綴飾連續大型拱窗，式樣簡潔素雅。

等　　級：省定古蹟

創建年代：昭和元年（1926年）

古蹟位置：新竹市北區中正路120號

　　新竹市政府，原為日據時期新竹州廳舊舍，整體建築，裝飾簡雅，屬於昭和期，近代古典浪漫式樣風格，蘊含著自然與獨特的文化魅力。

　　日本據台後，紛亂局勢持續近10年，始稍微緩和穩定下來，為早日步上常軌，各級官署亦紛紛建立，明治37年（1904年）新竹廳參事鄭如蘭，率先提出興建州廳官署請求，但因百廢待舉，直到大正14年（1925年），總算正式動工興建，隔年昭和元年完工，也算是慶祝昭和始政的紀念建築，自然也具有獨特歷史意味。

　　原新竹州廳廣場寬敞，前方置有民國61年設立，大理石質「新竹開拓二百八十週年紀念碑」，紀念風城開發的悠悠歲月。

　　市政府，為二層樓建築，採中軸對稱結構設計，應用當年流行的洗石子風格，結合磚

市政府廣場的「新竹開拓二百八十週年紀念碑」，紀念風城開發的悠悠歲月。

1. 新竹市政府，原為日據時期新竹州廳舊舍，屬於近代古典式樣風格建築。

2. 市政府兩翼出入口角樓，以突出拱型雨庇和幾何圖案裝飾，風情獨具。

造、木構建材，創造出有別於大正年間繁複巴洛克式樣的素雅風貌，同時營造出屬於官署該有的簡潔莊重意境。

樓梯轉角柱，以線條圖形組合，設計典雅，風華獨具。

州廳屋頂採木架瓦造斜坡，正面中央入口為視覺焦點，設計有往前突出的玄關門廊車寄，並採用變體雙柱，造型大方，又具有雨庇功能，兩側則搭配塔樓，讓立面增加變化，也強化了官署建築沉穩莊嚴的基本特質。

兩端廳舍以磚石混合砌造，一樓外牆綴飾連續大型拱窗，轉角處再以長窗搭配變化，二樓則以通風和動線考量優先，採用走廊系統，方便課室聯繫及民眾洽公，走進大廳，雪白高敞的空間，以連續拱圈並搭配羅馬流行柱列搭接，展現官署的豪華氣派，目前已改為藝文展示空間。

二樓為知事辦公室和文書室，及衛生課與理蕃課、會議廳所在，樓梯採磨石子階梯，十分寬大平緩，轉角柱，以線條圖形組合，設計典雅，高大的上下推拉式長窗，光線十分明亮，走道上層層拱廊和方形石柱，也為單調環境增添了視覺變化。

新竹州廳在二次世界大戰期間，曾遭美軍轟炸受創，921地震又輕微受損，在納入古蹟整修後，雖然屋身依舊抹不去刻劃的歲月痕跡，但隨著空間機能重新規劃利用，未來結合藝文和音樂、藝術展

樓梯採磨石子階梯，寬大且平緩易行，高大推拉式長窗，讓光線十分明亮

大廳雪白高敞空間，以連續拱圈搭配羅馬流行柱列，展現官署豪華氣派風格。

市政府未來結合各類藝文展演，將讓新竹精神，重新展現亮麗耀眼光芒。

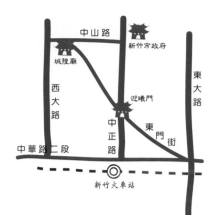

演，將提供市民另一處優雅的休憩空間，也讓新竹早年精神象徵，重新展現亮麗耀眼光芒。

🚗 交通資料：

下國道1號新竹交流道，往新竹市區方向，經縣道122號光復路二段，過縱貫鐵路後，接民族路，轉東門街，至迎曦門，右轉中正路直行，抵新竹市政府。

關西鄭氏祠堂

關西鄭氏祠堂，寫下了清代早期，台灣移民社會，艱辛且不凡的歷史扉頁

等　級：三級古蹟
創建年代：道光15年（1835年）
古蹟位置：關西鎮明德路56號

關西鄭氏祠堂創建歷史，可追溯至清代初葉，當時六世祖鄭清雅，自廣東鎮平渡海來台，首在鶯歌落腳，再移墾頭城，二結開店營商，歷經多年奮鬥，終於獲得成果，累積不少財富，寫下了清代早期，台灣移民社會，艱辛且不凡的歷史扉頁。

道光年間，台灣北部漳泉械鬥頻傳，甚至延燒蘭陽地區，道光14年（1834年），九世祖鄭成珋，決定舉家遷回淡水廳竹北二堡咸菜甕（今關西）地區，並置產深耕全心拓墾，隔年，為慎終追遠，遂倡建家祠，屹立迄今。

昭和3年（1928年），祠堂年久失修，破敗不堪，遂再度動工整建，確立了近代祠堂外貌和格局。

鄭氏祠堂牆面裝飾簡潔清爽，流露客家族群特有的儉樸美德。

內埕以磚柱，和漏窗圍牆隔開，並以碩大卵石鋪地，簡潔實用，別具特色。

正廳奉祀鄭氏歷代祖先牌位，並高懸「帶草衍派」匾額，以示尊崇溯源。

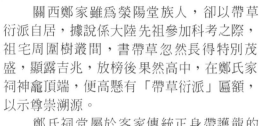

關西鄭家雖為滎陽堂族人，卻以帶草衍派自居，據說係大陸先祖參加科考之際，祖宅周圍樹叢間，書帶草忽然長得特別茂盛，顯露吉兆，放榜後果然高中，在鄭氏家祠神龕頂端，便高懸有「帶草衍派」匾額，以示尊崇溯源。

鄭氏祠堂屬於客家傳統正身帶護龍的三合院格局，背依頭排山（海拔222公尺），面迎鳳山溪清澈河流，居高臨下，水聲淙淙，為典型玉帶水吉地。

祠堂正身三開間，中央單開間入口，為凹壽門廊，底層以石板，昇高台基，具有防潮作用，整體外觀採卵石為基，以紅磚、木構和石材砌建，牆面裝飾簡潔清爽，流露客家族群特有的儉樸美德。

入口門樓和正身大門並不在同一軸線，外埕如茵花圃間，雕塑栩栩如生的先民塑像，隱藏不忘本之意；主屋背面為泥磚砌築，外襯穿瓦衫，還有老樹竹籬為屏，這都是基於傳統風水考量的絕佳設計，內埕以磚柱，和漏窗圍牆隔開，並以碩大卵石舖地，簡潔實用，別具特色。

正廳中央，奉祀鄭氏歷代祖先牌位，並高懸

外埕如茵花圃間，雕塑栩栩如生的先民塑像，隱藏不忘本之意。

鄭氏祠堂「滎陽世第」和新竹鄭氏家廟「滎陽世澤」匾，說明應系出同源。

鄭氏祠堂屬於客家傳統正身帶護龍三合院格局，為典型玉帶水吉地。

「帶草衍派」匾額，神桌底下還設置石質龍神土地公，充分展現客家之風，大廳兩邊設洗石拱門，聯繫側廂，又呈現另種不同的和洋風味，營造出一份淳樸素雅的和諧之美。

🚗 交通資料：
下國道3號關西交流道，接118號縣道（正義路），注關西市區方向，抵明德路後左轉約100公尺。

北埔慈天宮

等　　級：三級古蹟
創建年代：道光15年（1835年）
古蹟位置：北埔鄉北埔村1號

慈天宮坐落在秀巒山麓，見證百餘年，北埔開庄篳路藍縷的艱辛歷程。

　　北埔位居新竹縣最南端，和苗栗南庄鄉比鄰，舊名大隘興庄，是清代閩粵合作，武裝移墾內山設隘防番的主要據點，擁有當時全台灣規模最大的隘墾防線，北埔就是以隘墾為始，而逐漸發展繁榮的客籍聚落。

　　慈天宮古建築，蘊涵著豐富的客庄歷史軌跡，為清代中葉，拓墾大隘地區粵籍墾首姜秀鑾，和閩籍淡水廳竹塹城西門總理周邦正合作，向兩籍業戶與舖戶募款捐資，共同設立金廣福墾號，積極拓墾開發北埔一帶山地成功之後，籌建的一座中國傳統閩式廟宇。

　　慈天宮，草創於道光15年，是當地居民宗教信仰中心，也是艱困拓墾時期，墾民的精神心靈寄託之處，擁有獨特的歷史地位；

清代石柱出現民婦落款，並不多見，卻充分展現客家庄獨特的人文風情。

三川殿前方矗立一對清代中葉罕見的昇龍石柱，線條樸拙，造型可愛。

北埔民風親切純樸，廟前的古意曲巷老街，亦是值得順遊據點。

道光26年姜秀鑾將原本小廟，改建爲木造廟宇，同治10年姜榮華再度倡議修建斑駁古廟，並進行大規模增建作業，擴大爲兩殿兩廊雙護龍的四合院格局，奠定今日慈天宮的廟貌基礎。

前殿爲三川屋脊，面寬五開間，燕尾翹脊裝飾華麗，前方矗立一對清代中葉罕見的昇龍石柱，龍頭由下往上竄升，龍身同時扭曲蟠柱，將挺抵柱頂時，龍首又猛然回望，雙龍正好眼神相對，神態威嚴，線條樸拙，造型可愛，亦屬當代龍柱精品。

殿廊間柱列繁複，除龍柱、花鳥柱外，另有24孝石柱，作品十分獨特。

前步口廊立面牆身，以砂岩爲主要建材，大門前方鎮殿石獅，造型典雅古意，廊牆身堵的方形賜福蝠虎團爐窗，和麒麟堵，以及龍虎堵母子情深浮雕，充滿拙趣，且造型可愛畫面，也是古蹟欣賞焦點。

大門前方鎮殿開口石獅，爲清末砂岩雕鑿作品，造型典雅古意。

正殿主祀觀音菩薩，殿內木雕彩繪簡潔動人，還珍藏不少創廟文物，神龕頂端懸掛一方光緒8年姜榮華所立「福蔭群生」古匾，兩側廟廊間則陳列清代砂岩古碑，尤其殿廊間柱列繁複，除龍柱、花鳥柱之外，還有獨特的24孝石柱雕刻，柱身還出現民婦的姓名落款，極爲罕見，充分展現客家庄獨特的人文風情。

慈天宮旁具抱盜功能的叮噹橋窄巷，充分展現客家庄獨特的人文風情。

　　北埔擁有親切民風，以及獨特的客家風情，廟旁具捉盜功能的叮噹橋窄巷，和曲巷老街，與天水堂、金廣福公館，邦正公園、姜阿新洋樓、秀巒山古蹟群，也是前往攬勝遊客不宜錯過的珍貴人文據點。

　　交通資料：

（1）下國道3號竹林交流道，循120縣道，經石壁潭，右轉122縣道，至竹東接3號省道西行抵北埔。

（2）下國道1號新竹交流道，轉117縣道，接合68省道快速道路，至竹東再轉3號省道西行抵北埔。

竹南中港慈裕宮

中港慈裕宮，原稱中港媽祖廟，香火鼎盛，是鎮內最古老廟宇。

獅座和員光通樑雕飾彩繪，線條細膩，風格獨具，彷彿深入珍奇藝術寶庫。

等　　級：三級古蹟

創建年代：乾隆48年（1783年）

古蹟位置：苗栗縣竹南鎮民生
　　　　　路7號

　　竹南鎮坐落在新竹縣交界處南方而得名，古名三角店街，係苗栗縣地理位置最北端城鎮，原為平埔道卡斯族中港社活躍範圍，擁有獨特人文歷史。

　　竹南鎮開發年代，始自清代康熙末年，曾是古市鎮艋舺與鹿港間，商機活絡的古老港口，往昔中港溪兩岸，還設立官義渡，今日在中港溪渡船頭遺址，仍保留有官義渡紀念碑，並規劃雕塑與自然公園，提供民眾休閒遊憩。

　　中港慈裕宮便是鎮內最古老廟宇，

廟內石柱上，同時出現兩個年代
紀錄，並不多見。

1	2

1.正殿神龕木雕清妍古雅，主祀
天后媽祖，為竹南鎮最知名古
廟。
2.廟後「嚴禁差役藉端擾累碑」
和「泉漳和睦碑」，都是獨具歷史
意義古物。

原稱中港媽祖廟，據說前身為明永曆12年
（1658年），在鹽館前建泥牆茅屋小廟，乾隆48
年，中港市街貿易興盛，商賈雲集，空前繁
華，移民人口倍增，小廟順勢遷至中港南門
口，並首度擴建，目前廟前石獅身上，還鐫刻
有乾隆癸卯年間落款年代佐證；嘉慶21年
（1816年）首度重修，道光年間漳泉械鬥頻仍，
古廟幾乎燬於一旦，加以原廟地勢低溼，且腹
地狹隘，不敷使用，商議後，在道光18年，再
度決定遷建媽祖廟。

清代中葉以後，這座百年古廟，便巍然聳
立於中美里柏榴溝岸台地，氣宇磅礴，屬於中
國傳統閩南式建築，同治13年和大正7年，又二
度重修，昭和10年（1935年）苗栗關刀山大地
震，又重創廟宇，隔年重修完成，迄今又經過
多次增建，始成今日金碧輝煌廟貌。

慈裕宮古廟堂皇巨構，為三進兩廊，正面
七開間，燕尾重簷，氣勢宏偉，廟前廣場廣
闊，碧水縈流，故而在廟庭中央設置一座古樸
石拱橋橫跨，並取名「日出」橋，更增添古
意。

前殿屋頂為歇山假四垂，崇高的西施脊，
燕尾翹首，線條優美，前步口石雕，以中軸為
界，採用對場作模式，左右兩側可分別欣賞不
同派系匠師的創意雕作手法，藝術境界極高。

94

　　尤其前步口立面牆堵，展示了自創廟以來，不同修建年代遺留的精巧文物，彷彿深入珍奇的雕飾藝術寶庫，仔細觀察，就會發現，中門兩側螭虎團窗明顯不同，左為賜福八卦窗，右為矩形螭虎團窗，轉角柱墀頭水車堵，亦用石雕表現，洋人造型迴異，獨具古樸趣味；尤其博古堵、石柱和麒麟堵、對看堵及龍柱，均散發了不同風采，是遊客賞玩尋寶不可錯過地方。

　　此外古廟文物蒐藏豐腴，近200年的檀香爐和天上聖母古璽以及乾隆53年「嚴禁差役藉端擾累碑」和道光24年「泉漳和睦碑」，與正殿清妍古雅神龕，及光緒御筆「與天同功」匾額，和欽命總兵獻立的「允王惟后」，均為廟內獨具歷史意義珍貴古物，此外後殿井井泉也都蘊含著許多膾炙人口的傳奇軼事，也值得深入探索。

廟內蟠龍雀替應用不少，和常見的鰲魚雀替相較，更具特色。

光緒御筆「與天同功」和「允王惟后」匾額，均為慈裕宮最珍貴文物。

🚗 交通資料：

下國道3號竹南交流道，接竹南聯絡道東行，轉苗6-1?道明德路，左轉功明街，至竹南市區，右轉中正路，再轉民生路。

龍山路一段　民生路　環市路　號3道國　中正路　功明街　慈裕宮　環市路　明德路　⑥　往頭份　竹南交流道

前步口牆堵，展示了自創廟以來，不同修建年代遺留的精巧雕塑，風華無限。

後殿井井泉也都蘊含著許多膾炙人口的傳奇軼事，也值得深入探索。

後龍鄭崇和墓園

古墓係同治6年重修，墓碑觀音兜形，石雕精彩且莊嚴古意。

等　　級：二級古蹟
創建年代：道光7年（1827年）
古蹟位置：苗栗縣後龍鎮龍坑里竹圍子山麓（台6省道和台1省道岔路口）

墓丘中軸最高處，還設立「龍神」石碑，將閩粵不同習俗融合，具有獨特意義。

墓庭兩側豎立鐫刻題聯石筆望柱和一對夾杆石，顯現鄭氏家族地位尊榮。

後龍鄭崇和墓園，為新竹北門外開台進士鄭用錫父親安息之處，肇於父以子貴，用錫身後，誥授奉直大夫，其父也追諡通奉大夫，官制二品，道光11年更奉准入祀鄉賢祠，顯現鄭氏父子地位尊榮。

鄭崇和字其德，福建漳州府漳浦人，生於乾隆21年，始祖鄭懷仁，於康熙年間舉家遷移浯江（金門），隨後再渡海來台，定居淡水廳竹塹城郊，勤耕書田，才學淵博，可惜考運不佳，祇得捐納取得監生職，為人處世崇信尚義，生活儉約，頗具儒家風範，博取許多富家子弟青睞，敦聘為夫子授業，同時也從事土地拓墾，累積了不少田產財富。

嘉慶10年（1805年），海盜蔡牽侵擾淡水廳，鄭氏主動募勇協防，並設隘防蓄，勸息械鬥，賑濟飢荒，成為當地深受鄉民推崇，極富名望的鄉賢貴人。

道光7年鄭崇和病逝，葬於後龍鎮龍坑里竹圍子山麓，舊名十班坑，墓園地勢高敞，佔地廣闊，為傳統閩南式古墓，坐西朝東，山麓環抱南勢溪水，依山面水，為主後代富貴吉穴，據說當地靈氣逼人，還流傳有墓前石獸擾人的傳奇軼事，充滿神奇趣味。

文石人，溫文儒雅，為協助墓主辦事文官，也是二品官以上才有的榮耀。

鄭崇和墓園為清代二品官墓，佔地千坪，空間主從井然有序，氣勢宏偉，為國內規模僅次於王得祿的清代古墓，墓庭寬闊，由內而外地勢漸低，中央地面鑲嵌一方風水八卦石，墓庭兩側豎立有題聯石筆望柱和一對夾杆石，依欽定大清會典事例，墓園內配置有文武石翁仲，以及象徵主人坐騎，

墓園地勢高敞，坐西朝東，山麓環抱南勢溪，依山面水，景致清新自然。

轡鞍齊備的立姿石馬，和栩栩如生的跪乳石羊，最外側蹲立石虎，具鎮宅辟邪作用，但細看，卻發現石虎微帶笑容，拙樸可愛，難怪成為傳奇故事主角，路旁還設立一方神道碑，以彰顯官墓顯赫風采。

古墓係同治6年，重修後鄭崇和與夫人合葬墓穴，墓碑觀音兜形，頂端刻有雙龍搶珠圖案，以及同治丁卯子月重修碑文，額題「浯江」，碑文：「皇清誥贈通奉大夫二品夫人，顯祖考祀鄉賢祠鄭瓜，妣鄭門陳太夫人，合葬佳城」；左右墓肩石，

武石翁仲，造型威武英勇，為守護墓園的武將。

省道1號
往後龍
國道3號
鄭崇和墓
省道6號
後龍交流道
往西湖
6
往苗栗市區

古墓曲手雕飾繽紛，琴棋書畫、八駿馬和寶柱獅座，更增添古墓氣派風韻。

墓園內配置有文武石翁仲，以及象徵主人坐騎，韁鞍齊備的立姿石馬，十分傳神。

淺雕螭虎圖紋，拜桌則以松鶴、麒麟浮雕為主，莊嚴古意。

　　綠草如茵的墓丘前方，可欣賞底層花板，萬字不斷紋，螭虎團爐及平安賜福等吉祥鑲飾圖案，曲手雕飾圖案更是繽紛，琴棋書畫、八駿馬、寶柱獅座，雖有部分風化剝落，依舊清晰展現清代官墓卓越的設計和巧工，更增添古墓的氣派風韻，令人讚賞。

　　此外墓塚區左方設置土地公碑，墓丘中軸最高處，還設有「龍神」石碑，將閩粵不同習俗，融合在一起，也具有獨特意義。

🚗　交通資料：
下國道3號後龍交流道，接合6省道西行，約600公尺，路口右側。

三義勝興火車站

```
等　　　級：縣定古蹟
創建年代：明治36年（1903年）
古蹟位置：苗栗縣三義鄉勝興
　　　　　村89號
```

車站為和洋混合式樣建築，牆身採西式雨淋板組合，清妍亮麗，深受歡迎。

　　三義古稱三叉河莊，以其地理環境，恰好坐落西湖溪上游兩大溪源會流處，而得名，早年以盛產茗茶遠播，境內丘陵迤邐，茶山萬頃，景色宜人，近年則以古道、木雕和油桐花祭馳名，是

98

一座民風淳樸的美麗山城。

　　勝興火車站，位於三義市區東南方約3公里的關刀山西麓，海拔402公尺，爲往昔台灣縱貫鐵路山線最高點，月台前方並樹立碑柱紀念；這裡亦是西湖山東側700公尺長隧道北口，早年山線南下火車，在鑽入黝黑山洞前，必先在這裡停靠交會，但因鐵道曲徑坡度過大，加以鄰近關刀山斷層，地質條件惡劣，在歷經多次災害洗禮後，終於決定改道，以往火車熙來攘往的景象，頓時冷清。

勝興車站重修後煥然一新，已重拾往日風采，一躍成為舊山線鐵道旅遊新寵兒。

　　勝興村原名十六份，以當地原矗立16座樟腦寮得名，勝興車站，前身即稱十六份信號場；山線鐵道創建於明治36年（1903年），卻礙於山溪險阻，5年後才完工啓用，昭和5年（1930年），爲配合附近鄉鎮山產水果、香茅油、樟腦和木炭運輸，調整爲十六份停車場，客貨運業務，跟著逐漸發展。

　　昭和10年（1935年），台中州發生墩仔腳大地震，震央便鄰近勝興村關刀山斷層，造成魚藤坪鐵橋傾圮斷落，停駛3年，隨後西移改道，恢復通車，民國47年，十六份驛，更名勝興車站。

往昔月台上，遊客熙來攘往景象，在火車改道後，頓時冷清許多

勝興火車站為往昔台灣縱貫鐵路山線最高點，月台前方並樹立碑柱紀念。

勝興火車站，完工於大正1年（1912年），為和洋混合式樣建築，由三叉河出張所長稻垣兵太郎設計，主要牆體架構採用大量杉木和紅磚建材為主，屋頂兩坡式，坡度急陡，採用鍍鋅鐵材披覆，兩端小山牆轉為三角形雨庇型態向兩邊伸出，並以角形栱柱支撐，外型近似矛尖，十分獨特。

簷下置鋸齒狀造型簷板，同時以間柱、管柱結合鐵件搭接，並以米字柱頭裝飾，牆身多採西式由下而上堆疊的雨淋板組合而成，外觀古樸典雅，引人注目。

勝興車站除了主體建築，還保留了運轉避塞器、月台、鐵軌、道班房、售票口、值班室等附屬設施，和台灣鐵路最高點碑，完整記錄了山線鐵路滄桑，值得深入探索。

民國62年，實施鐵路電氣化，10年後再度改道截彎取直，舊山線鐵道從此走入歷史，廢站後，沉潛數年，幸運遇上社區整體營造計畫風行，建立共識後，重新整頓出發，終讓勝興車站景物，煥然一新，重拾往日風采，一躍成為舊山線鐵道旅遊新寵兒。

1 | 2

1.簷下置鋸齒狀簷板，並以鐵件搭接米形柱頭裝飾，外觀古樸典雅，引人注目。
2.西湖山東側長隧道北口鐵軌，已成為遊客尋幽訪勝的熱門景點。

交通資料：
下國道1號三義交流道，接台13省道北進，約3公里，右轉130縣道，穿過鐵路和高速公路，即右接苗49省道，循指標抵勝興車站。

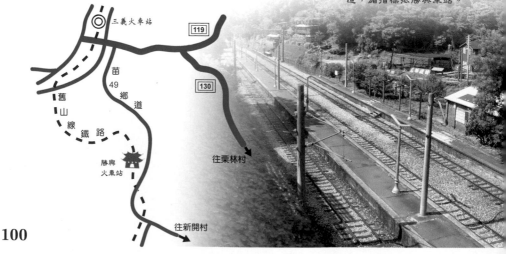

三義火車站

119

130

苗49鄉道

舊山線鐵路

勝興火車站

往栗林村

往新開村

苗栗文昌祠

等　　級：三級古蹟
創建年代：光緒8年（1882年）
古蹟位置：苗栗市中正路756號

文昌祠古樸的傳統寺院外觀，傳達出另種靜謐的儒學氣息，引人入勝。

苗栗文昌祠，入口兩側設簡潔講究門樓，額題「學究天人」，意義深遠。

門神彩繪罕見的天聾地啞，寓意「口不出惡言，耳不進讒言」。

文昌祠，坐落在繁華的苗栗市街中心，古樸素雅的傳統寺院外觀，和週遭高大的水泥洋樓格格不入，自然傳達出另種靜謐的儒學氣息，引人入勝。

苗栗古名貓狸，泰雅族語有美麗平原之意，是依偎在後龍溪畔的繁華山城，自乾隆年間即有客家先民，循後龍溪上溯拓墾，逐漸形成以粵籍族群相互依存生活的聚落，為讓治理者更貼近客家族人生活，邑裡士紳，於是群起催生縣治。

文昌古祠興建，由例貢生林濟春擔任總理，並延請地理師王東海選址，清光緒8年創建，兩年後完工，主祀文昌帝君，陪祀倉頡與韓愈夫子，這也是客家地區文昌祠特色，更是催生設立縣治的積極作為，直到光緒13年，設治一事始大勢底定。

文昌祠左廂，懸掛昭和年間補鑄銅鐘，小巧別致。

清光緒15年（1889年）苗栗正式置縣，初未建縣衙，知縣林桂芬到任，即情商在文昌祠設臨時辦公廳，此外為振興文風，苗栗縣首座書院，也在儒學謝維岳倡議下，於倉頡廳創立英才書院，讓苗栗縣文教丕興，人才輩出。

書院運作6年，乙未戰役，日本入侵台灣，廢漢學，昭和二年文昌祠內創立栗社，透過春秋祭吟詩大會，默默延續漢學精神和文化；民國24年台中州大地震，文昌祠正殿和護龍傾圮，結構輕損；隨後寺院淪為日本憲兵屯駐所，再撥借為公教場，戰後右廂租賃商家，左廂淪為市場用地，整座文昌祠僅殘存中軸建築，矗立在擁擠的市

街，黯然延續山城文風，直到民國74年被指定為三級古蹟。

苗栗文昌祠面寬三開間，為二進兩廊式合院建築，入口兩側設簡潔講究門樓，額題「學究天人」，意義深遠；前庭寬敞，最前方建照壁、惜字亭，三川殿燕尾翹脊，脊飾雙龍搶珠，殿廊狹隘，整體裝飾簡樸素雅，流露客家族群傳統的儉約美德。

前步口中央門神，彩繪罕見的天聾地啞，寓意「口不出惡言，耳不進讒言」，左右邊門則為「加冠晉祿」「勤讀詩書」極具特色；兩側賜福螭虎團爐窗和腳踩犀角杯及葫蘆的仁獸麒麟堵，以及椒圖抱鼓石雕，創意美學兼備，值得讚賞。

文昌祠主祀文昌帝君，神龕雕飾細膩精巧。

正殿前方豎立一對古樸蟠龍石柱，左廂則懸掛昭和年間補鑄小巧別致銅鐘，大木棟架採漳式三通五瓜，瓜筒圓肥，束隨彩繪密緻華麗，主祀文昌帝君，神龕木雕細膩精巧，頂端高懸「下觀而化」匾額；兩側陪祀倉頡與韓愈夫子神位，鑲飾簡潔，神桌前面，經常擺滿各式准考證，祈求及第，傳達出民間對儒學功名信仰的傳統文化印象。

砂岩雕刻之賜福螭虎團爐圓窗，古樸精巧，極具特色。

神龕木雕細膩精巧，頂端高懸「下觀而化」匾額。

🚗 交通資料：
下國道1號苗栗交流道，接合6省道西行，過龜山橋不久接中正路直行即至。

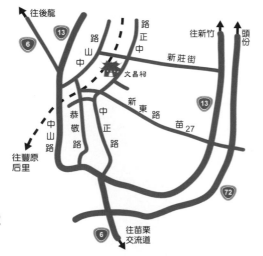

往後龍
6 13
路山中　路正中
往新竹　頭份
新莊街
文昌祠
往新竹
13
新東路
恭敬路　中正路　苗27
中山路
往豐原
后里
72
102
往苗栗
交流道
6

正殿木棟架採漳式三通五瓜，瓜筒圓肥，束隨彩繪絢麗。

發現台灣古蹟

中部篇

台中火車站

等　　級：二級古蹟
創建年代：大正6年（1917年）
古蹟位置：台中市建國路一段172號

台中火車站，外觀屬於英國維多利亞風格，建築十分宏偉壯觀。

火車站中央頂端巍峨聳立一座綴飾圓柱幾何體的方形鐘塔，十分醒目。

發現台灣古蹟 Taiwan easy go

台灣鐵路發展，始自清光緒13年，首任巡撫劉銘傳上奏「台灣鐵路創辦商務摺」積極推動，並於獲准後，首度成立台灣鐵路商務總局，同時聘任多位英、德鐵路工程師，進行規劃勘察作業，並立即著手建築基隆－新竹線鐵道，開啓了台灣鐵路交通新紀元。

日本領台後，首任總督樺山資紀在明治28年（1895年），正式提出南北縱貫鐵路興建計畫，經審核設計，編列預算，於明治32年，由第四任總督兒玉源太郎，分別自基隆、高雄兩端同時進行鐵道工程，終於克服重重山河險阻，在明治41年，全線貫通，台中驛也在同年完工啓用。

台中驛原名台中停車場，爲台中火車站前身，原爲木造一樓平房，首任驛長爲塚澤力太郎，1908年落成後，選在台中公園北門樓舉行通車大典，同時舉辦火車博覽會，日本皇族也愼重派出宮載仁親王親臨主持，並在公園內興建湖心亭，同時植樹紀念，台日政要齊聚一堂，場面十分浩大，盛況空前。

大正初年日本引進歐洲都市設計風格，進行市區改正，建構以台中驛爲端點的輻射路網，舊站自然成爲地標中心，於是再度著手規劃改建；工程

104

由總督府鐵道部工務課設計，採洋式木構架，搭配紅磚造承重牆及混凝土洗石子工法，混合砌築，外觀屬於文藝復興式英國維多利亞風格建築，十分宏偉壯觀。

小型塔狀山牆，在夜色燈光襯托下，顯得浪漫絢麗。

台中火車站，採中軸對稱設計，屋面為雙急斜坡歐式屋頂，披覆銅板瓦片，式樣典雅，中央頂層則巍峨聳立一座綴飾圓柱幾何體的方形鐘塔，十分醒目，成為車站外觀的視覺焦點。

月台雨棚，也特別講究，鑄鐵柱和桁架表面均綴飾美麗圖案。

車站的正前方為三角形山頭，前後對稱，鑲綴巴洛克式動章花草紋飾，華麗大方，兩端以方柱往下延伸，紅色牆身環繞白石飾帶，並搭配拱窗，形成紅白相間紋樣，屋坡兩側，再突出一座小型塔狀山牆，散發濃郁的英國鄉村古典之美。

候車長廊，紀錄無數旅人悲歡離合，徒留一份動人的美麗與哀愁。

車站外牆，為紅磚仿石結構，並雕飾實用巴洛克圖騰，方便暫歇；候車大廳，應用格狀桁樑挑高，空間高敞氣派，兩端大型拱卷承重牆柱，為混凝土結構，柱頭裝飾葉片渦卷紋飾，尤其午後光線透過高處拱窗射入，更是炫麗奪目。

候車長廊和月台是旅客送往迎來，記錄無數旅人悲歡離合之處，徒留一份動人的美麗與哀愁景致；火車站月台雨棚，也特別講究，表面綴飾美麗圖案的鑄鐵柱和桁架，皆係歐風進口貨，遮雨棚則採W形雙柱結構，也是獨特的貼心設計。

交通資料：
（1）下國道1號台中港路交流道，注市區方向直行，接中正路到底即抵火車站。
（2）搭乘縱貫線火車，在台中站下車即至。

【台中火車站】

台中林氏宗祠

等　　級：三級古蹟
創建年代：大正8年（1919年）
古蹟位置：台中市國光路55號

燕尾脊正殿，為宗祠地位最尊貴之處，壽樑前懸掛「文魁」匾額，更添氣派。

發現台灣古蹟
Taiwan easy go

　　台中林氏宗祠，初建於清嘉慶年間大里杙內新庄，初名「林祿公祠」，曾數度遷徙，主祀開林太始祖比干公和歷代祖先神位，並配祀建廟有功人員祿位，本質上屬於宗廟系統，和常見的家祠意義並不相同。

　　林氏宗祠於同治10年「1871年」，由林志芳遷旱溪庄林祖厝，初為堂號「尚親堂」，光緒21年，受天災蟻禍波及，祠殿傾圮，為延續香火不墜，又暫遷太平庄林鳳鳴家祠，日本領台時期，大正6年，以中部霧峰聞人林獻堂、林子瑾為首共78名林氏族裔，發起籌募基金，擇地重建宗祠。

牌樓立面門神彩繪秦叔寶尉遲恭，兩側牆堵和人物窗石雕，神態生動豐富。

照壁前方一對埋前石獅，為清末旱溪祖廟，遺留下的珍貴文物。

　　大正8年（1919年），選定老松町現址，著手興工，並禮聘當年建廟工法匠藝，已達爐火純青的漳派大師陳應彬主持，並網羅鹿港彩繪名師郭新林，石雕名家李闊嘴，為林氏宗祠，精雕細琢，昭和5年（1930年），歷經12年漫長歲月，總算讓宗廟煥然一新，巍峨聳立在市區東郊。

正殿主祀開林比干公和歷代祖先神位，並高懸古匾，增添莊嚴肅穆氣息。

　　林氏宗祠格局恢弘，橫向面寬九開間，為雙進兩過水雙護龍合院式建築，雕飾華麗，氣勢磅礡，為板橋彬師在日治中期的上乘代表作品。

　　自典雅牆門步入祖廟，眼前便是寬敞外庭，其間坐落昭和12年洗石旗竿座和燕尾翹脊的古意

宗祠護龍山牆，多角形馬背下方，鑲飾「螭虎啣盤」懸魚泥塑，十分搶眼。

「書卷竹節窗」，象徵節節高升和高風亮節，寓意吉祥，寫意且精緻。

山牆下方兩儀賜福八卦窗，白色假石結構，在紅磚牆間，格外醒目。

林氏宗祠格局恢弘，雕飾華麗，氣勢磅礡，為板橋彬師的上乘代表作品。

金亭，及泥溯雙龍照壁，壁前一對埋前石獅，為清末旱溪祖廟坍塌後，遺留下的珍貴文物。

宗祠護龍山牆，多角形馬背下方，鑲飾懸魚泥塑「螭虎啣盤」，鳥踏下方則以洗石子工法，砌造兩儀賜福八卦竹節窗，白色假石結構，在紅磚牆間，格外醒目。

三川殿是林氏宗祠內雕飾發揮最淋漓盡致之處，屋頂採彬師拿手的升庵假四垂結構，燕尾揚升，脊飾天官賜財，牌頭脊堵剪粘繁複華麗，步口廊石作精彩，大楣深雕著堂號「忠孝堂」，上方還高懸一方斑駁的林氏宗廟匾額，門神彩繪秦叔寶尉遲恭，牌樓立面兩側牆堵和人物窗石雕，神態生動自然，對看牆呈現象徵「忠孝廉節」故事，分別是申包胥「泣秦庭」、「伯俞泣杖」、「楊震拒金」和「蘇武牧羊」，人物生動，栩栩如生。

此外步口通樑則應用高貴圓熟的溜金彩繪，樑下員光木雕作品「楊戩哪吒收七怪」和「三霄計擺黃河陣」選材自封神演義情節，人物座騎，均依典故施作，神情動作，豐富自然，躍然於畫面之上，十分精彩。

三川殿前後步口和正殿簷下，各設一對龍柱，尤其後步口龍柱，還曾經在石雕競賽裡，勇奪首獎，柱身還鐫刻「受賞金牌」，以彰顯得獎榮耀，而一座宗祠內，擁有三對龍柱，也是國內罕見。

三川殿左右兩壁「書卷竹節窗」，象徵節節高升和高風亮節，寓意吉祥，頂端兩位八仙側躺其上，隱喻「祝壽」，底下則雕飾飄動的日本

霧峰林文欽獻贈光緒19年「文魁」匾額，為宗祠增添不少光彩。

林氏宗祠雕飾繁複精巧，仍保有傳統胡服抬樑力士作品。

樑下員光木雕作品，選材自封神演義情節，神情動作，十分精彩。

皇旗，寫意且精緻，引人注目。

　　燕尾脊正殿，為宗祠地位最尊貴之處，主祀開林太始祖比干公和歷代祖先神位，壽樑前懸掛霧峰林家光緒19年「文魁」匾額，內部空間以抬樑式棟架建構，高敞宏寬，柱列成行，其間穿插梭柱、方柱，增加空間變化，神龕頂端高懸大正年「忠孝堂」和日本男爵田健治郎贈立之「源遠流長」匾額，增添莊嚴肅穆氣息。

　　本殿木雕彩繪精巧細膩，尤以步口員光「百忍堂」作品，闡釋唐代張公藝全家九世同堂，和樂融融景象，最令人動容，另片員光木雕「人生四喜─小登科」作品，則生動描繪古代傳統婚禮的熱鬧開心橋段，人物姿態和喜悅情境，十分寫實，令人激賞，為當代木雕的經典之作。

　　過水廊牆面鑲嵌有建祠石碑，頂端水車堵，還有近代整修精緻交趾陶「24孝」作品，左護龍奉祀比干公，內部典藏有早年祖廟拆下的珍貴文物，右護龍則奉祀同為林氏嫡裔的媽祖婆，整體格局井然有序，已成為中部著名文化古蹟。

交通資料：
下國道1號台中港路交流道，走台中港路，注市區方向，右轉五權路，接林森路左轉，過復興路即稱國光路，林氏宗祠在道路北側。

正殿山牆的鳥踏懸魚泥塑剪黏，在藍天下，丰采別具。

台中張家祖廟

> 等　　級：三級古蹟
> 創建年代：光緒30年（1904年）
> 古蹟位置：台中市西屯區安和路
> 　　　　　111號

正廳奉祀張氏歷代祖先神位，高懸「報本追遠」匾額將建祠意義表露無遺。

張家祖廟位於大肚山東麓，下七張犁附近，俗稱紅瓦厝仔，又名張文通公祠；祖廟燕脊翹簷，藻飾華麗，建築恢弘，是筏子溪沿岸丘陵著名的百年古厝。

張氏開台始祖文通公，原籍福建省汀州府寧化縣，清初渡海來台，在西大墩街附近落戶安居，瓜瓞綿延，田產散置水尾仔、上牛埔、下七張犁和水堀仔一帶，後世為宏揚祖德，凝聚家族向心力，便發起籌建家廟，以彰顯先祖拓墾之功，豎立飲水思源典範。

張家祖廟首設於緊鄰西大墩街，上牛埔一帶聚落，原係租用民宅，別名「牛埔仔公廳」，並組織一世祖文通公祭祀公業，光緒30年（1904年）由七位後人代表，朝榮、壬子、松壽、天輔、佐台、鳳儀、鵬飛發起倡建，將祖

正門高懸家廟古匾，格扇綴飾象徵福祿平安的螭虎團爐透雕窗，典雅高貴。

廟遷移現址，次年完工，前廳屋樑設有明治38年完工錄事牌，詳實紀錄開工和完工時間，相當獨特，為祖廟珍貴文物。

紅瓦厝堂皇氣派，落成後，自然成為當地居民重要集社之處，也是張氏宗族精神地位象徵；隨後陸續數次

半月池畔，矗立一座磚造燕尾重簷敬字亭，見證了張家鼎盛文風。

佃戶居所，採茅草披覆屋頂，過水廊並以卵石鋪地，格局獨特。

	說明
1	1.外護龍間，更以燕尾翹脊門樓分隔，建立傳統的尊卑秩序，極具古意。
2	2.張家祖廟格局為二進二橫傳統四合院，外埕添築半月池，富防火聚財之氣。
3	3.祖廟俗稱紅瓦厝仔，又名張文通公祠，藻飾華麗，建築恢弘，為百年古厝。

增建整修，光緒33年增建右護龍，大正14年又加建左護龍與門樓，張家祖廟格局始完整呈現出來。

張家祖廟格局為二進二橫傳統四合院，背依大肚山，前迎筏子溪，外埕添築半月池，水面波平如鏡，擁聚財之氣，亦富防火、養魚之效；其掘出泥土，便作為祖廟外牆土埆磚塊的原料來源；宅第周圍遍植具防禦功能的茂密竹林，屋後屏山處，並種植零星果樹，形成風水學極佳的玉帶水格局，意境幽雅。

祖廟臨溪而建，視野廣袤，方位座西向東，擁有紫氣東來之勢，佔地近千坪，半月池畔，蒔花植草，綠意盎然，右護龍欒樹下，亦矗立一座磚造燕尾重簷敬字亭，見證了張家鼎盛文風。

祖祠建築金碧輝煌，燕尾翹脊，尊貴典雅，兩側廊牆墀頭綴飾繁複交趾陶，複脊牌頭均鑲貼精采剪黏、泥塑，特聘府城名師設計，人物瓜果圖案栩栩如生，為祖廟生色不少。

走近門廳，正門頂端高懸古樸的家廟古匾，格扇身堵綴飾了象徵福祿平安的螭虎團爐透雕窗，樑枋斗栱與員光雀替，亦都以精緻考究的雕刻彩繪藝術裝飾，用色鮮麗優美，典雅高貴，令人著迷。

祖祠門廳頂端，懸掛了三塊以「翰林」居中，「進士匾」居側，價值不菲的清代匾額，展現了張家後代人才薈萃，顯赫輝煌的功名家聲；祖廟正廳門楣，高懸「發祥堂」古匾，直指祖祠為張氏發祥地之意，廳內奉祀一世祖文通公和張氏歷代祖先神位，神龕頂端另懸「報本追遠」匾額將建祠意義表露無遺。

左護龍為張氏後人居處，屋內依然擺設古老家

左護龍為張氏後人居處，屋內擺設古家具，古意盎然，讓人回味無窮。

祖廟層層下降格局，傳達出中國傳統宅第，獨特的建築秩序和倫理

具，古意盎然，讓人回味無窮；外護龍間為土埆厝佃戶居所，採茅草披覆屋頂，過水廊並以卵石鋪地，格局獨特，目前依然保留原貌，更引人發思古幽情；護龍入口並以燕尾翹脊門樓分隔，建立傳統的尊卑秩序，極具古意。

張家祖廟運用建材和結構變化，傳達出家族的謙卑秩序，這也是中國傳統宅第，獨特的建築倫理，目前已被規劃為國家三級古蹟，值得民眾前往欣賞。

獨特的瓜筒、員光、束隨，均以精緻考究的雕刻彩繪藝術裝飾。

🚗 交通資料：
下國道1號高速公路或中彰快速道路，台中港路交流道，往沙鹿方向，到安和路左轉，約二百公尺即至。

台中港路3段
往沙鹿東海大學
安和路
張家祖廟
125

台中文昌廟

等　　級：三級古蹟
創建年代：同治2年（1863年）
古蹟位置：台中市昌平路二段41號

台中文昌廟，坐落在古名四張犁近郊，古代一張犁墾5甲地，故而得名，原為平埔族岸裡社活躍的開闊荒野，同治元年彰化戴潮春之亂，便源於附近戴家祖厝，為早年葫蘆墩前往彰化縣城，古道必經之地。

清代當地已開墾出近20甲田地，人口聚集，已逐漸形成市街雛型，文昌廟便坐落在古街角落，前身為文蔚社和文炳

台中文昌廟，坐落在古名四張犁近郊，前身為文蔚社和文炳社社學。

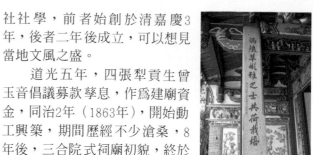

社社學，前者始創於清嘉慶3年，後者二年後成立，可以想見當地文風之盛。

道光五年，四張犁貢生曾玉音倡議募款孳息，作為建廟資金，同治2年（1863年），開始動工興築，期間歷經不少滄桑，8年後，三合院式祠廟初貌，終於完工，並將結餘款項，購置學田放租，以備日後祭祀、修繕支出運用。

柱廊下方，擺滿祈求考試及第的油燈，門神以文士秀才形象彩繪，並不多見。

步口廊雕飾精緻，楹聯方柱，仍可發現同治年間文蔚社和文炳社創廟軌跡。

文昌廟主祀文昌帝君，並配祀朱衣、孚佑和魁星、文衡帝君等神位，俗稱「五文昌」，為傳說中專司科甲典試的文運星君，廟內設置學堂，展開宏揚文教工作，日本領台後，明治37年（1904），四張犁公學校，入主廂房上課，戰後，實施耕者有其田，原廟產學田遭放領殆盡，修繕經費短缺，致左右廂房相繼坍塌，民國65年由政府補助重修，始成今日廟貌。

護龍左右兩側，設花瓶窗短垣，貫通護龍兩邊齋室，華麗雅致。

文昌廟前庭原本更為寬敞，可惜因拓寬道路，被徵收大半，始成今日格局，最前方新建有傳統入口牆門，和龍池及惜字亭，園內花木扶疏，清幽寧靜。

文昌廟三川殿面寬三開間，屋脊燕尾翹首，脊飾繁複，步口廊前面楹聯方柱，仍可發現同治年間文蔚社和文炳社創廟軌跡，門前雄踞一對樸拙抱鼓石和石枕，前步口裝飾重點以交趾燒和木雕為主，唯一的裙堵石雕，為「松鶴延齡」和「竹下鹿鳴」圖案，對看堵則飾以造形樸意，色彩鮮麗的交趾陶，多以象徵吉祥的仁獸麒麟和鳳凰與賜福團爐窗，及傳達富貴平安福祿壽喜的吉祥寓意圖案，突顯文昌廟平凡的祈求。

正殿前為設捲棚架歇山頂拜殿，雕飾彩繪精巧華麗，已整修完成

穿過緊依山牆額題「圖書府」「翰墨林」的古意牆門，即可進入前殿，柱廊下方，擺滿了祈求考試及第的油燈，門神以文士秀才形象彩繪，並不多見。

正殿原為五開間，兩進兩護龍帶拜亭建築，近代添建耳房，而成橫向七開間隔局，左右有開花瓶窗的短垣，貫通護龍兩邊齋室；正殿前方設捲棚架歇山頂拜亭，其木質構件吊筒、斗栱和豎材間有精巧雕飾彩繪，拜亭頂端且高懸一面光緒14年筱雲山莊舉人呂賡年題贈的「誕敷文德」匾額，為文昌廟增添光彩。

拜亭後方，兩側牆面綴飾雙螭虎團爐八卦窗，左側書卷橫批「鳶飛」，右題「魚躍」，左窗為文蔚社楹聯，右窗則是文炳社題聯，共同見證了兩社存在的珍貴歷史價值。

正殿為三開六扇門，神龕內奉祀文昌帝君，頂端懸掛一幅同治10年「天下文明」匾額，此外拜亭前方御路石雲龍雕刻，亦屬同治年間作品，可以想見廟內文物極為豐富，值得深入探索。

🚗 交通資料：

下國道1號中清路交流道，左轉環中路一段東行，右轉崇德路，往市區方向，接昌平路二段，右轉百公尺即抵文昌廟。

1. 正殿頂端懸掛一幅同治10年「天下文明」匾額，極具歷史意義

2. 正殿兩側牆面綴飾雙螭虎團爐八卦窗，右題「魚躍」和象徵文炳社題聯。

3. 穿過緊依山牆額題「圖書府」的古意牆門，即可進入文昌殿

台中樂成宮

等　　級：三級古蹟
創建年代：乾隆55年（1790年）
古蹟位置：台中市旱溪街48號

發現台灣古蹟
Taiwan easy go

樂成宮古蹟範圍侷限在中軸三川殿和正殿，成為中部重要的藝術文化殿堂。

道光7年木雕古香爐，是樂成宮珍藏最精緻創廟文物。

台中樂成宮，早年俗稱旱溪媽祖廟，創建於清乾隆55年（1790年），根據道光年間「彰化縣志」記載，當時縣境主祀媽祖的廟宇共有21座，其間一座位在旱溪，可見當時旱溪媽祖廟，已是彰化縣境名聞遐邇的一座古廟。

旱溪媽祖廟，肇建之始，可追溯至清乾隆初葉，居住在旱溪庄的林氏開台始祖，為祈求渡海拓墾平安順利，遂恭迎媽祖金身分靈來台，行經廟地，即顯露神蹟，先民稱奇之際，決定暫建小廟安奉，直到乾隆55年，鄉民拓墾有成，於是鳩集資金，創建樂成宮祖廟。

依樂成宮珍藏的創廟文物推斷，嘉慶21年（1816）古廟曾經首度整修，直到道光6年（1826年），再次大規模重建，同治10年和光緒13年（1887年），亦曾局部增建整修，迨至日治大正10年（1921年），鑒於媽祖神威顯赫，為因應日益增加的信眾需求，旱溪庄保正林源泉、張昧與賴為堯三人，遂倡議擴建廟宇，積極募款，並延請漳派知名大木作匠師陳應彬，親自主持，三年後，工程完工，

樂成宮屋頂為彬師擅長的「歇山假四垂」，簷角飛揚，造形優美，建築宏偉。

也讓樂成宮成為文化藝術的重要殿堂。

　　樂成宮佔地739坪，格局為三進兩廊兩護龍之中型廟宇，首進面寬九開間，前殿開五門，這是屬於主神天后才能擁有的殊榮，建築宏偉，廟貌金碧輝煌，雖缺少了些斑駁古意，並未損其文化瑰寶的歷史價值。

步口廊牆堵可仔細欣賞「水磨沉花」工法和剔地起突法，不同的詮釋作品。

　　樂成宮古蹟範圍侷限在中軸的三川殿和正殿之間，其最精彩絕倫之處，自然非三川殿莫屬，屋頂為彬師擅長的「歇山假四垂」式樣，簷角飛揚，造形優美，已成為近代寺廟的流行指標。

　　脊飾雙龍搶珠，脊堵鑲嵌八仙祝壽交趾陶，牌頭剪粘繁複華麗，前殿步口廊石作精彩，可以欣賞不少精緻石雕，門楣浮雕書卷廟匾「樂成宮」，中門楹聯頂端，還綴飾螭虎團字，尤其牌樓面牆身「天官賜福螭虎團窗」透雕，與對看垛龍虎堵舐犢情深畫面，完整保留了清代拙樸藝術風格，令人動容。

　　此外高大蟠龍柱與青斗石打造的清代石獅，渾厚樸實，線條圓潤，表現清代中葉獨樹一幟的圓雕風格，對看牆兩側腰堵、裙堵和門枕石、櫃台腳，靈活運用迥異雕飾工法，依循歷史典故，雕成擁有吉祥寓意壁飾，人物堵表現三國演義故事「空城計」和「三英戰呂布」，而身堵則以剔地起突法詮釋「四愛」精髓，細緻的「水磨沉花」工法，則生動雕刻了松鶴延壽、麻姑獻壽與象徵四季的牡丹、夏荷、秋菊、冬梅的精彩典故，人物動靜線條收放自如，恰如其分展現了石匠創作功力，也忠實傳達了多元的文化意境。

　　前殿木雕亦十分精緻，步口員光採內枝外葉法雕刻，描述主題為「說唐演義」之李元霸與裴元慶威震瓦崗寨，而小員光木雕則以英雄奪錦、竹下鹿鳴和松間鶴舞…等小品為主，此外獅座和步口通豎材組合的「忠孝廉節」人物，刻劃細膩，加以垂花

1

2

3

1.對看牆龍堵和裙堵金蟾螭虎團爐八卦窗，生動詮釋了石雕精髓。

2.石柱頂端，浮雕獅首高翱楹聯題字，創意十足。

3.造形互異的鰲魚雀替，具有防火象徵意義，亦流露匠師不同的創意價值。

步口員光採內枝外葉法雕刻，主題為李元霸與裴元慶威震瓦崗寨，生動精彩。

「法雨宏施」古匾，為光緒30年甲辰科狀元劉春霖親題古物。

🚗 交通資料：

下國道1號台中港路交流道，注市區方向，接中正路，抵自由路，抵進化路口，右下建成路地下道，出地下道左轉百公尺即抵樂成宮。

造型多變，色彩鮮麗，也是值得欣賞重點。

三川殿內柱列成行，均爲附近深具名望人士獻贈，方柱、圓柱，互領風騷，底層柱礎，更是造型多變，菱花、金瓜、方形柱珠，令人目不暇給，正殿前方還有署名陳應彬捐獻石柱，見證當年建廟史實。

正殿採歇山重簷屋頂，大木棟架爲三通五瓜，大通下面增置「一斗三升斗栱」和一根方通加強結構，在四點金柱交會處，則施作造形互異的鰲魚雀替，具有防火象徵意義，流露匠師不同的創意價值。

樂成宮仍珍藏許多創廟過程遺留文物，其中以道光7年木雕古香爐，最精緻，此外還有光緒30年甲辰科狀元劉春霖親題「法雨宏施」古匾，以及嘉慶年神案和道光年石枕、石獅、神像…等，不但記錄了樂成宮滄桑歷史，也見證了古廟的興衰歲月，值得細心維護。

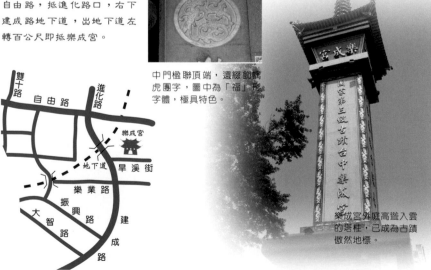

中門楹聯頂端，還綴飾螭虎團字，圖中爲「福」形字體，極具特色。

樂成宮外庭高聳入雲的塔柱，已成爲古蹟傲然地標。

台中放送局

台中放送局，由台中州土木課設計，外觀融合歐式城堡造型設計，尊貴大方。

```
等　　級：歷史建築古蹟
創建年代：昭和9年（1934年）
古蹟位置：台中市電台街1號
```

台中放送局，創建於日本領台時期，昭和9年（1934年），主要目的在宣揚大日本帝國主義思想，傳頌軍政愛國理念，並配合政令宣傳，以達到去中國化的統治目標。

台中放送局，是繼昭和5年台北放送局落成首播之後，第3座完成播音的放送電台，坐落於北區水源地公園東北方角落，佔地約210坪，目前被規劃作廣播文物館，為國內首座經營主題，和原建物本質屬性符合的歷史建築。

昭和16年（1941年）大東亞戰爭全面爆發，台灣全島放送局已完成連線播放系統，戰後「財團法人放送協會」由國民黨營中廣公司接收，首度易名「台灣廣播電台」，台中放送局為其臺中分台，民國57年再度更名「中廣台灣

| 1 |
| 2 |

1.圓筒狀城堡頂端，設雉堞女兒牆，牆身以白色連續圓拱帶飾，並浮塑局徽。

2.入口車寄採方形基座，並裝飾圓拱門，和二樓拱形長窗，相互呼應。

台」，30年後，電台遷出，建物土地正式歸還台中市政府，併納入歷史建築古蹟維護，進行再利用規劃。

台中放送局，細部建築計畫，由台中州土木課設計，一年後完工，為昭和時期，過渡式樣建築，主要為紅磚

放送局歐式拱門前方，日月池庭園，樹木蓊鬱，景致清新。

二樓展出古董留聲機與古老的廣播器材，建物本質屬性符合的歷史建築。

二樓走廊陽台，以台中州市徽和放送局縮寫B.C.C白色鑄鐵裝飾，獨樹一格。

建築物後規劃為香醇的休閒餐飲空間，午後吸引了不少遊憩民眾。

建材，配合鋼筋混凝土和洋武式大木屋架結構，外觀融合歐式城堡造型設計，尊貴大方。

屋頂為傳統日式四坡水，披覆佐野式黑色文化瓦，並以鬼瓦收頭，外牆原為洗石子牆身，目前改為米黃色漆飾立面，一樓入口車寄，採方形基座，並裝飾圓拱門，和二樓拱形長窗，相

二樓空間規劃為展覽館，光線自拱形長窗射入，別有一番意境。

互呼應，頂端設置花窗式露台，典雅素靜，圓筒狀城堡頂端，則裝飾雉堞女兒牆，牆身並以泥塑白色連續圓拱帶飾，底下並浮塑局徽。

二樓側面窗戶出挑，走廊陽台，則以台中州市徽和放送局縮寫B.C.C白色鑄鐵裝飾，佇立在歐式弧形城堡底下的典雅花窗露台，有一種身在西班牙的浪漫錯覺。

主建築後棟為機械室，內部為玄關、會客室、事務室；二樓為控制室、演奏室、指揮室等，目前都已重新規劃為展覽館、錄音室和多功能視聽媒體中心，常態性展出古董留聲機與古老的廣播器材、真空管收音機、棟札等珍貴文物，並提供民眾專屬錄音空間，感受錄音過程的難忘情趣。

四周庭園綠樹蒼翠，中央設置圓形日池，旁邊還有一道眉形月池，並圍飾假山造景，視野清爽，庭園間矗立四座渾然天成原石，據說具有辟邪鎮煞功用，背後空地間則規劃為精緻香醇的休閒餐飲空間，午後微風輕撫，吸引了不少民眾前往遊憩，為古蹟再生提供了正面的示範。

🚗 交通資料：
下國道1號台中港路交流道往市區方向，接五權路左轉，抵三民路口，連續前行到底，右轉雙十路，至電台街左轉直行，抵台中放送局。

吳鸞旂墓園

護牆前方，矗立9座方尖形大理石碑，中央為主碑，主從分明，井然有序。

等　　級：三級古蹟
創建年代：大正11年（1922年）
古蹟位置：台中縣太平市東方街14-1
　　　　　號旁（東方大鎮社區內）

墓園內還發現有國內知名的傳統詩人吳燕生碑柱，令人懷念。

　　吳鸞旂，字泮水，為清光緒年代監生，也是清代末葉，東大墩街首富，清光緒15年，台灣新建省城，首任巡撫劉銘傳，和知縣黃承乙，便邀其擔任建城總理，負責督造省城，可惜因劉銘傳去職，建城工程遂無疾而終，僅餘北門樓（今望月亭），黯然佇立在中山公園小丘之上，默默見證這段史實。

　　吳氏家族來台甚早，據說第一代渡台祖吳德昌，隨鄭氏部隊來台，首先落腳台南府城，再輾轉遷徙抵貓霧束東堡，置產定居，後代吳景春，並娶霧峰首富林甲寅之女林純仁，即清代名將林文察姑姑，兩家關係匪淺。

　　清代吳家，曾在今大智路德安百貨基地，建造一座中國式豪華氣派的園林勝境，俗稱「吳公館」，園內處處雕樑畫棟，金碧輝煌，曲橋水色，亭影相隨，奇花異卉，綠樹扶疏，古色古香，為中部和霧峰林家「萊園」齊名的林園名勝，可惜今僅剩「更樓」孤獨屹立在台中公園望月亭畔，敘述昔日的繁華。

巨大護牆浮塑繽紛的歐式古典愛奧尼克複合柱式，壯觀氣派。

　　吳鸞旂為人熱誠豪爽，極受鄉人敬重，日人領台後，一度被聘任為地方招安委員，明治30年（1897年），還被日本總督府敘勳六等，並聘為台中州廳參事，地位斐然。

　　大正10年吳鸞旂病逝，一代繁華，從此化

兩側有高大墓手環抱，底下置西式典雅座椅，風采雅緻。

護牆兩側弧形牆體浮塑一對屹立山崗的雄獅，栩栩如生，匠藝超凡。

弧形山尖以繁複花朵及草葉，拱護「吳」家姓氏，獨具巧思，匠藝深厚。

爲泡影，其送行場面浩大，隊伍綿延數公里，倍極哀榮，也是中部地區罕見的規模，隨後安葬於太平冬瓜山下，吳家花園內。

墓園佔地近千坪，墓園形態，採大正年間流行的仿文藝復興式巴洛克風格建築，氣氛典雅華麗，十分氣派，加以園區依山而立，綠樹濃蔭，更爲墓園增添幾許浪漫古典風華。

墓園修建於大正11年，由吳家嗣子吳東璧督造，墓塚十分高大，好似一座小山，中央聳起，墓前以大面積洗石子護牆裝飾，壁體浮塑繽紛的歐式古典花草圖案，並以成排古羅馬流行的複合式柱列藻飾，其間並以拱心石、花籃和飾帶圖騰點綴，弧形山尖並以繁複綻放花朵及草葉，拱護「吳」字家姓，獨具巧思，匠藝深厚。

護牆前方，矗立9座方尖形大理石碑，中央爲主碑，圍以護欄，額題「龍溪」，碑銘序文爲吳景春公同嫡配林太夫人，吳鷥旅公同嫡配許夫人之墓，此外主碑左右各4座小方碑則爲吳家後代碑柱，其中有國內知名的傳統詩人吳燕生碑柱，主從分明，井然有序。

護牆兩側弧形牆體浮塑一對屹立山崗的雄獅，栩栩如生，匠藝超凡；此外兩側有高大墓手環抱，底下置西式典雅座椅，和弧形踏階，牆面依舊綴飾璀璨，風采雅致，傳達出吳氏家族，早年闊綽的家世與背景，爲日治時期，少見的大型家族墓園。

🚗 交通資料：
下國道1號台中港路交流道，注市區進入，接中正路，左轉自由路過建成路地下道，再左轉樂業路、東平路，過一小橋，右轉129縣道至東方大鎮。

墓園爲大正年間流行仿文藝復興式巴洛克風格建築，典雅華麗，十分氣派。

往台中
一江橋
長龍路
往頭汴坑
東方大鎮社區
光興路
吳鷥旅墓園
129
往大里

彰化元清觀

元清觀當地人俗稱天公壇，是台灣唯一以觀為名的道教廟宇。

等　　級：二級古蹟
創建年代：乾隆28年（1763年）
古蹟位置：彰化縣彰化市民生路209號

　　元清觀當地人俗稱天公壇，是台灣唯一以觀為名的道教廟宇，也是一座命運坎坷的歷史古廟。

　　元清觀始建於清乾隆28年（1763年），由鹿港泉郊首富林文濬等數人倡議建造，主祀玉皇大帝，附祀觀世音菩薩，廟址地處彰化縣治東方，協鎮署前，濱臨彰化文廟和白沙書院舊址，信眾紛至沓來，彰化縣志記載：「每年農曆正月初九天公聖誕，酬神演戲，連續十餘日，徹宵如晝，火燭輝煌…」可以想見當年風光。

前殿中門高懸「元清觀」匾，四層靈斗栱豎材仍施以淺雕彩繪，作工細膩。

後殿奉祀觀世音菩薩，雕飾風格素雅，為95年唯一未被無名火波及的殿宇。

　　清代中葉以後，接二連三的意外，讓古廟飽受破敗失修窘境，道光28年前殿戲台山門，遭強震震毀，接著同治5年陳元吉倡修時，又經歷了社會動盪不安年代，讓整修工程延宕長達20年才完工，即為近日現貌；日治時期實施街道改正，被拆掉右廂部分構架，形成今日左右不對稱格局，戰後，復遭違建戶佔用，2006年，再度面臨祝融肆虐，等待修復。

　　元清觀面寬五開間，三進兩廊格局，廟貌恢弘，前院開闊，鋪設石板紅磚，前殿屋頂為三川燕尾脊，中央明間採牌樓式升庵挑高設計，兩側建八字牆，流露清末傳統閩南式寺廟建築的清雅風貌。

元清觀古廟，雕飾精緻，優美動人，流露清代晚期，精班細心的匠藝文化。

　　前殿步口廊裝飾，十分精緻華麗，中門置造型古樸，神態優雅的鎮殿青斗石獅，左右側門枕石，亦

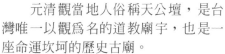

拜殿前方，青斗石雲龍御路石雕，三爪龍身彎曲成S型，十分獨特。

樑下深浮雕夔龍雀替，和憨番扛樑圓雕，流露清代晚期，特殊的寺廟文化。

雕工細膩的螭虎團爐木雕窗，中央置囍字磬牌，獨具巧思。

雕工細膩，兩旁螭虎團爐木雕窗，中央置囍字磬牌，獨具巧思，底下設計爲拙樸可愛的龍虎堵石雕，亦不多見。

前殿中門頂端高懸「元清觀」廟名匾，四層疊斗彎栱豎材，仍施以淺雕彩繪，作工細膩，邊門前方飾象頭栱，門簪以龍首、金蟾與獅首圓雕嵌飾門楣，極具特色，對看堵則以光緒年，珍貴的大幅仁獸麒麟送子和鳳凰于飛交趾燒鑲飾，深具文化藝術價值，尤其裙堵精緻的「太師少師」窯後磚雕，完整保留了清代拙樸的藝術風格，令人動容。

前殿廟內高懸「溫陵福地」匾額，說明了古廟捐建者，多係泉州晉江溫陵移民，因而在創廟安座之際，有此獻匾之舉；殿內棟架結構爲傳統泉州風格，瓜筒小巧可愛，木雕線條圓滑柔順，拙樸生動，彩繪優美動人，尤其深浮雕夔龍雀替，斗栱下方騎龍童子，和憨番扛樑與員光木雕，流露清代晚期，特殊的寺廟文化。

對看堵綴飾光緒年大幅仁獸麒麟送子交趾燒作品，深具文化藝術價值。

中埕空間高敞，兩翼列柱廂廊壁面鑲嵌建廟古碑，觀內古柱如林，石珠造型迥異，呈現方形、圓形、八角形和特殊竹形柱礎，雕飾題材有象徵太平盛事之「龍馬負河圖，神龜馱洛書」與琴棋書畫「四藝」…等，圖案繁複簡潔並陳，展現不同時代石雕藝術的演變風格。

正殿前帶拜殿，燕尾翹脊，前方雲龍御路青斗石雕，三爪龍身彎曲成S型，十分獨特，拜殿置高大蟠龍柱，雕鑿繁複，和一般龍柱多裝飾於三川殿傳統，有些不同，殿內格局方正，抬樑式棟架讓空間顯得高敞，三通瓜筒和束隨，鰲魚雀替及神龕花罩雕飾精緻華麗，展現玉皇大帝神格尊崇。

步口廊中門兩側置造型古樸，神態優雅的鎮殿青斗石獅，線條柔順分明。

後殿奉祀觀世音菩薩，內部木雕細膩雅

致，整體風格，素雅淡色，傳達出佛教平實無華的崇高意境，可惜95年一把無名火，讓元清觀三川殿和拜殿及正殿精緻雕刻文物，及無數清代古匾，毀於一旦，僅留下珍貴照片，記錄昔日的歷史風華。（目前規劃重建中）

交通資料：

下國道1號彰化交流道，注彰化市區，接台19省，經中華陸橋，遁中華路直行，抵民生路左轉約1百公尺抵元清觀。

彰化扇形車庫

> 等　　　級：縣定古蹟
> 創建年代：大正11年（1922年）
> 古蹟位置：彰化縣彰化市彰美路
> 　　　　　一段1號

車庫珍藏大正6年出產，並首度復駛成功的CK101蒸氣火車頭，意義不凡。

　　扇形車庫，原名台灣鐵路管理局彰化機務段動力車車庫，創建於大正11年(1922年)，屬於交通產業類活歷史古蹟，以其軌道和車庫形態，自空中鳥瞰狀似一面展開的弧形摺扇而得名。

　　這座獨具歷史意義的動力車庫，主要由12股輻射狀鐵軌和圓弧形鋼筋水泥構造車庫，組合而成，此外還留設3股預備軌道，以備不時之需；其靈魂組件爲軌道中央，一座可供360度旋轉的轉車台，以提供火車頭進出車庫或轉向使用，據說最初爲人力轉動，後來才改爲電力驅動。

　　早年扇形車庫，初建時，原爲蒸氣火車頭設計，作爲休息整備和保養的車庫，

每股軌道車庫前後屋頂，均設有排煙管，也成爲車庫的另一項特色。

因此又有「火車頭旅館」的暱稱，因此仔細觀察，每股軌道的車庫前後屋頂，均設有排煙管，也成為車庫的另一項特色。

車庫原為蒸氣火車設計，作休息整備和保養車庫，又有「火車頭旅館」暱稱。

日治時期，蒸氣火車穿梭往來於台灣南北各大城市，台北、新竹、彰化和嘉義、高雄車站，均附設有類似的機務維修車庫，可惜隨著柴油、電力車頭的逐步演進，維修車庫也面臨轉型調整功能窘境，因此多數遭受拆除改建命運，僅餘彰化扇形車庫，在火車迷和文化界人士疾呼下，幸運被保存下來，見證蒸氣火車一度縱橫台灣的歷史文化價值。

車庫內部展示雕塑名家以五金零件組合可愛機器人模型，深受遊客喜愛。

走訪扇形車庫，才有機會和古董蒸氣火車頭零件，近距離接觸，令人興奮。

扇形車庫，為日據時期，極用心規劃設計的鐵道建築，不僅功能性考慮周全，亦兼具美觀大方需求，大正11年初建時，原僅6股軌道，佔地近300坪，隨著業務拓展，接著兩年，各再增設兩股軌道，持續至昭和7年（1932年），始達成目前規模，使用面積也擴增至420餘坪，二次大戰期間，車庫曾遭盟軍炮火炸射受損，戰後始陸續修復。

民國90年彰化縣政府核訂為縣定古蹟，擬規劃為蒸氣火車博物館，目前館內珍藏有台灣唯一的日製65噸蒸氣救險吊車，以及大正6年（1917年）出產，並於民國87年首度復駛成功的CK101蒸氣火車頭，與另一輛重回台灣鐵道的CK124，共同見證台灣鐵路交通的珍貴歷史，車庫前方並鋪設原木步道和木造觀景台，便於瀏覽扇形車庫丰采。

此外車庫內部，還保留了早年修車工具與機台展示，並有雕塑名家以五金零件組合成可愛機器人模型，深受遊客喜愛，參觀時更可和古董蒸氣火車親密接觸，讓年長遊客雀躍不已，彷彿走進時光隧道般令人發思古幽情。

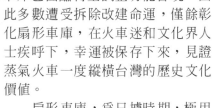

扇形車庫軌道中央，360度轉車台，可提供火車頭進出車庫或轉向使用

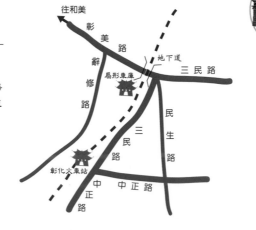

　交通資料：

下國道1號彰化交流道，注彰化市區，接合19省道，經中華西路，左轉金馬路三段，抵彰美路一段右轉，在地下道前，偏右而行，即抵入口。

彰化節孝祠

等　　級：三級古蹟
創建年代：大正12年（1923年）
古蹟位置：彰化縣彰化市公園
路一段51號

節□祠歇山捲棚頂軒亭，以四根圓柱支撐，□基略加升高，以彰顯尊崇

　　彰化節孝祠，又稱臺彰節孝祠，爲台灣唯一現存單獨以節孝之名興建的祠堂古蹟；中國傳統注重忠孝節義道德和精神，遇有民間孝子或節婦，往往轉呈朝廷，欽賜建坊旌表，可惜經常流於形式，成效不彰；因此康熙元年（1662年），諭示可改由地方建祠奉祀，俾能彰顯節烈孝行，以垂久遠。

　　清代初葉，建祠諭示頒布後，台灣府學，首度納建節孝祠，此外各地文廟亦時有附設節孝祠奉祀之議；而獨立建祠者，在台灣島內僅見彰化節孝祠孤例，代表意義，益形珍貴。

　　清末同治和光緒年間，分別由彰化縣學白沙書院山長蔡德芳與貢生吳德功…等聞人，遍訪中台灣北至清水，南至雲林崙背民間，採集值得尊崇旌表的節烈

紀念貞門節婦的「天朝旌表」古碑，斑駁碑文，更彰顯了蒼茫古意。

捲棚頂軒亭，為泉州式，樑坊瓜筒和
束隨、雀替，木雕彩繪淡雅精緻。

祠內彩繪出自鹿港彩
繪大師郭新林，筆觸
細膩，層次分明，益
顯珍貴。

彰化節孝祠，為台
灣唯一現存單獨以
節孝之名興建的祠
堂古蹟。

孝婦，期設立節孝祠，置牌位奉祀，以彰
德行。

彰化節孝祠最早創建於清光緒12年
（1886年），座落在彰化縣城東門內，城隍
廟東側，為中國傳統閩南式合院建築，由
台灣知府程起鶚及彰化知縣李嘉棠偕同，
奏請禮部准於建祠，並由進士蔡德芳，吳
德功，主事吳鴻藻…等人發起捐募建祠，
次年節孝祠正式落成啟用，入祀彰化縣境
近300位節婦牌位。

節孝祠落成後不久，乙未年戰爭爆發，
抗日義軍在八卦山和日軍展開浴血奮戰，戰
況激烈，節孝祠亦不幸慘遭波及，殿宇嚴重
受損，就連木龕門扇，亦蕩然無存，明治33
年（1900年）修建後，曾敦請當年彰化廳長
須田綱鑑，就縣志內記載之歷代節孝和清同
治和光緒年間採集之節孝名錄，重新登錄牌
位，並舉辦春秋二祭，以啟孝行德風。

大正12年，彰化市實施街道改正計畫，全面
拓寬道路，節孝祠被迫易地遷建於八卦山公園山
麓，由吳鸞旂家族成員，加上楊吉達、林耀亭和
賴長榮等董事，以及陳翠南、陳鴻謨、陳懷澄鼎
力捐募8000日圓，協助重建，始成今日面貌。

節孝祠為三殿兩廊帶軒亭合院式建築，正面
三開間，前後殿兩端另添建耳房，讓前步口明
間，形同凹壽形式，增添祠宇尊貴莊嚴之風，前
院角落，豎立一面原設在東城門，乾隆3年為紀念
汪門雙節婦的「天朝旌表」砂
岩古碑，斑駁碑文，更彰顯了
蒼茫古意。

新祠多沿用舊建材，古意
盎然，前殿棟架為泉州式，四
層疊斗，門楣高懸「節孝祠」
匾，中門兩側以雙夔龍團爐木
雕裝飾，中央門神，為手上持
笏捧著「冠」「鹿」朝官，象徵

加冠進祿，另側為兩位童子門神則蘊含「雙喜臨門」寓意，別具意境。

前殿雕飾簡潔素雅，牆面嵌飾大正13年，木質「重建中部節孝祠碑記」，兩廂為捲棚式柱廊，中庭以紅磚舖地，兩側為橫向平舖，中央採人字形舖法，分隔動線秩序。

正殿前方置歇山捲棚頂軒亭，以四根圓柱支撐，臺基略加升高，以彰顯尊崇地位，亭內樑枋瓜筒和束隨、雀替，木雕彩繪淡雅精緻，正殿格扇門中央門額，高懸總督知事常吉德壽署名的「一節千古」匾額，極具歷史價值。

正殿採用罕見的「移柱法」，將後點金柱，向左右次間橫移1公尺，讓神龕牌位完整呈現，神桌前方題「臺彰節孝祠」，神龕中央懸掛「玉潔冰清」匾，文字背景，以穿破雲層的太陽和五隻蝙蝠綴飾，十分搶眼；祠內彩繪，則出自已故鹿港彩繪大師郭新林之手，筆觸細膩，層次分明，益顯珍貴。

後殿為近年列為古蹟後，重新修造，屋舍新穎，多次探訪，卻發現總是緊閉門戶，不易得知用途，難免有些失望。

🚗 交通資料：

下國道1號彰化交流道，注彰化市區，接合19省，經中華陸橋，遁中華路直行，經八卦山牌樓右轉，約2百公尺抵節孝祠。

後殿為近年列為古蹟後，重新修造，長年緊閉門戶，不易得知用途，有些失望。

1. 節孝祠門神，為手上持笏捧著「冠」「鹿」朝官，象徵加冠進祿，寓意吉祥。

2. 正殿採用「移柱法」，將後點金柱，向左右次間橫移，讓神龕牌位完整呈現。

和美道東書院

等　　級：二級古蹟
創建年代：咸豐7年（1875年）
古蹟位置：彰化縣和美鎮和
　　　　　卿路101號

道東書院為台灣書院古蹟裡，
原貌保存最完整的一座建築。

雅致 講堂，門 額懸掛光緒15年
翰林 陝甘總督 莊俊元「精之聖
會」，十分罕見。

對看牆，鑲嵌造形簡潔的古意
泥塑 和磚雕，為單調 書院增色
不少。

128

　　道東書院當地居民俗稱「文祠」，書院之名則取自「壬道東來」之意，創建於清咸豐7年（1875年），由線西保景徽社廩生黃際清，訓導阮鵬程等數人捐貲倡建，為台灣書院古蹟裡，原貌保存最完整的一座，是清代書院滄桑史的絕佳見證。

　　同治9年（1870年）吳朝儀捐助農地3.4公頃，累積學田已近7公頃，便取其租穀，作為書院運作經費，增聘名師，並廣招員生，默默為線西保和美庄莘莘學子，擔負起振興文教和祭祀文昌的基本功能。

　　隔年監生阮傳芳再度倡議增修，讓書院格局更加完備；光緒12年由於學子夜讀不慎，引燃學社，大火一發不可收拾，書院結構亦遭受焚損，2年後再由和美線莊總理許壁山和秀才鄭思齊捐貲倡議，重修書院。

　　日本領台後，書院改設憲兵駐屯所，明治32年（1899年），再度改為和美線公學校，肩負起教育重責；迄日治昭和5年（1930年），書院因年久失修，部份建築有傾塌之餘，和美街長許再洋於是發起整建，陸續雖也有局部整修工程，但均能維持原貌修復共識，不作大幅更動，終被列為二級文化古蹟保護。

　　道東書院佔地近一甲，為二進二橫傳統四合院格局，建築配置完整，雕飾簡潔，四周老樹參

天，綠蔭環抱，環境清幽雅靜，孕育出古代書院優美的學習空間。

書院設單開間燕尾脊入口門樓，四周以磚牆環繞出學府的固有空間，外埕庭園廣闊，正前方砌築一道三川脊照牆，和澄澈半月池，前殿門廳面寬三開間，採尊貴的一條龍式屋脊，燕尾飛簷，脊飾吐水鰲魚，象徵防火意義，避免再度面臨回祿之災。

月洞牆門，鑲嵌石窗、門聯，門後獨立空間，祭司及家眷的居處。

脊堵以金錢磚花組砌，中央配置葫蘆泥塑，則有富貴祈福寓意，左右兩側廊牆的磚柱上方，復置可愛的犀頭石獅，居高臨下，據說還具有鎮守殿堂辟邪除煞功能。

門廳高懸古樸的「道東書院」匾額，其下方門斗印作人物雕飾並不多見；門廊壁堵與對看牆，鑲嵌造形簡潔的古意泥塑和磚雕，簷下瓜筒垂花及頂堵斗栱，也鐫刻素雅的吉祥花

山牆為水形馬背，並置「螭虎啣盤」懸魚，盤區置仙翁白鶴，隱含祝壽涵意。

鳥圖案，和蘊含人生哲理的故事彩繪，為單調書院增色不少。

書院正門平常並不開放，僅能自前殿和護龍間的過水門進入內埕；內院左右護龍均為火庫起結構，底層先以卵石為基，避免受潮，再以紅磚斗子砌層層舖設，牆面復以花磚砌窗，增加通風和美觀功能。

山牆高處為曲線柔和的水形馬背，造形沉穩，馬背下方有「螭虎啣盤」懸魚泥塑，盤區內置有仙翁白鶴，隱含祝壽涵意，右護龍則殘存頂端雲形泥塑流露一絲斑駁淡然意味；山牆前方，便是兩層式歇山頂磚石混砌惜字亭，靜靜佇立，為書院的文化傳承，作最佳見證。

書院設單開間燕尾脊入口門樓，造型雅致，並以磚牆環繞出學府固有空間。

內埕左廂東廡奉祀當初倡建書院有功的阮鵬程、吳朝儀、許壁山等六位先人長生綠位，側廂和右護龍皆規劃為學舍，目前供奉土地公，廡前磚階還刻意修邊，隱喻學子，應修幅自重。

講堂左右兩側設一道月洞牆門，有對聯曰：「至教遺千

兩層式歇山頂磚石混砌惜字亭,靜靜佇立;為書院的文化傳承,作最佳見證

載,微言播六經」,門後獨立空間,就是山長及家眷的居處,後堂則作為官員或訪客視察時的接待空間。

臺基昇高的講堂,則是書院最尊貴空間,內部挑高寬敞,奉祀宋代朱夫子神位,這也是閩南書院的特色;此外門廊設雕花格扇,前方置簡潔方柱,雕飾樸實,屋頂則採用燕尾脊,彰顯書院本體建築的素雅和尊貴。

講堂門額懸掛光緒15年翰林陝甘總督莊俊元的「精之聖會」以及「梯航絕學」古匾,另側則是書院碑記,均屬書院內部重要歷史文物,也是教育文化的歷史瑰寶,值得細心品味。

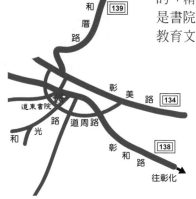

🚗 交通資料:

(1)下國道1號彰化交流道,右接線東路,抵134縣道彰美路左轉,注和美市區,轉和卿路抵道東書院。

(2)下國道3號和美交流道,接139甲縣道和厝路,注和美市區,轉和卿路抵道東書院。

草屯燉倫堂

等　　級:三級古蹟
創建年代:道光4年(1824年)
古蹟位置:南投縣草屯鎮芬草路335號

燉倫堂,又稱頂茄荖洪祖厝,為草鞋墩市郊洪姓三大祖厝

草屯古名草鞋墩,燉倫堂又稱頂茄荖洪祖厝,為草鞋墩市郊洪姓三大祖厝,創建年代最早,且原貌保存最完整的洪氏祠堂。

洪氏為草屯第一大姓,其開台祖為敦樸派27世七房有德公,先於乾隆初年跨越黑水溝落腳在萬寶新庄一帶,六房秉正公,則隨後於清嘉慶15年(1810年),自

原鄉漳州府漳浦縣，帶領五子渡海來台，奠基於平埔族北投社荒埔，並以自身擁有水利知識，開渠引烏溪水灌溉，讓荒埔頓時化為良田，累積了不少財富。

洪氏家族，在墾荒有成，安居樂業之際，體認飲水思源，慎終追始的傳統精神，才是家族，生生不息，永續發展的關鍵，遂由六、七

正廳為敞廳式，以黑色柱列分隔主從空間，神龕高懸「進士」匾，彰顯家聲

兩房族長攀龍公，於清道光4年（1824年），倡建宗祠，取名「燉倫堂」，祠內奉祀24世敦樸公迄27世祖等歷代祖先牌位，以感念先祖恩德。

洪氏祠堂落成後，歷經數次整修，尤其明治31年戊戌年大水，讓前殿遭受沖毀厄運，為創建70年來首度大規模整修；戰後，於民國48年再度依原貌修繕，82年納入國家三級古蹟，並進行整建工程，可惜921大地震，又讓燉倫堂嚴重受損，經變更設計，歷時3年才修護完成，始成今日面貌。

門前張口石獅，威而不猛，鎮坐宅前，具有辟邪制煞意涵。

燉倫堂，為台灣典型的小巧宗祠，依然深具慎終追始的傳統精神。

燉倫堂，為台灣典型的小巧宗祠，佔地近百坪，地形縱深，屬於二進兩廊傳統閩南式合院建築，外觀古樸素靜，坐落在草屯市郊翠綠的田野之間，坐東北朝西南，正面三開間，前面庭院寬敞，鋪設水泥地面，四周以盆栽點綴，讓古厝增添盎然活力。

前殿燕尾脊，台基略為升高，屋頂原為懸山式，脊飾簡潔，更顯尊貴素雅，中港明間內縮成凹壽形態，前點金柱，又同時充當門柱，獨具巧思；門額高懸「燉倫堂」匾額，中門彩繪門神，兩旁雪白牆堵以烏磚圓窗裝飾，門前並擺置一對張口石獅，威而不猛，鎮坐宅前，具有辟邪制煞意涵。

前殿為木棟架結構，置四根黑色圓柱，二通三瓜，斗栱束隨採藍色彩繪

前殿為木棟架結構，置四根黑色圓柱，二通三瓜，斗栱

束隨採藍色彩繪，內埕以捲棚式簷廊，銜接拜殿和正殿，正殿為敞廳式，內部以黑色柱列分隔主從，空間高敞，屬三通五瓜棟架結構，神龕牌位前方置古意香爐，頂端高懸「進士」匾，均屬祠堂珍貴文物。

正殿桁樑和牆面嵌飾題材獨特的節孝故事和吉祥圖案，將祠堂莊嚴神聖的意義表露無疑。

🚗 交通資料：

下國道3號草屯交流道，接台14省道，往草屯方向，不久循指標右轉抵燉倫堂。

楠子腳蔓社學堂遺跡

等　　　級：三級古蹟
創建年代：光緒13年（1887年）
古蹟位置：南投縣信義鄉望美村
久美部落內

久美部落用心在部落設施外牆，紋上美麗原住民圖騰，以彰顯當地文化特色。

楠子腳蔓社學堂遺跡，亦稱萬興關碑，這處古蹟見證了清代末葉，台灣首任巡撫劉銘傳治台時期，推動開山撫墾政策，並在原住民部落創設番學教育，所遺留下的珍貴史蹟。

楠子腳蔓社學堂，坐落在羅娜山（海拔1667公尺）東方，略為平坦的久美部落山麓台地，這裡正好位在阿里山山脈東側，屬於布農族和鄒族重疊的生活領域，道光年間即有漢人來此交易，因擁有水源之利，原住民部落集中，人口眾多，加以中路古道曾經部落通過，並設置營盤，地理環境適中，自然也是當地設置番學堂，雀屏中選的主要原因。

同治13年欽差大臣沈葆楨，因牡丹社事

件，奉御巡台，體認台灣地位關鍵，力陳開山撫番，解除漢人入墾後山禁令，以鞏固海疆，同時奏請積極開闢橫斷中央山脈之北、中、南三條道路，並於光緒元年，由前南澳總兵吳光亮，率先開鑿「中路」八通關古道，並進行基本的番社部落訪察，以利開山撫番政策推行。

光緒13年，台灣建省，新設雲林縣，巡撫劉銘傳承續撫番政策，委陳世烈設撫墾局於竹山，同時為降低漢番衝突，消除隔閡，加強溝通，並提升原住民對漢學認識，啓迪民智，於是針對部落番童，設置社學，以求化育番民。

社學堂設立後，敦聘廣東儒學陳國安前往授業解惑，學堂依照書院格式設計，教授「人倫日用之常」與漢學淺近用語，萬興關石碑便鑲嵌於社學前方，成為清代教化番民的重要據點。

藍花楹是拜訪楠子腳蔓社學堂遺跡，公路旁美麗花卉。

部落沿線道路旁，具原住民文化特色的導覽地圖。

可惜因溝通不良，加以教材安排失衡，教學方法無法符合需求，番童就學意願低落，只能草草結束，最後社學堂，也抵不過歲月摧殘而倒塌，萬興關碑，也跟著遺失，直到昭和1年，才由日警偶然發現。

戰後，古碑由甘姓久美居民保管，再移交鄉公所，在社學堂遺址附近梅園間，建立碑柱保護，成為台灣山地教育重要的里程碑，尤其每逢冬日寒梅盛開，白色花海暈染了社學堂遺址，風韻迷人，吸引了許多遊客前往攬勝。

望美村久美部落，為突顯部落特色，用心在部落沿線道路駁坎與公共設施外牆，紋上美麗的原住民圖騰，以彰顯當地特色，部落名稱也以當地溪流常見岩片疊砌，塑造原住民淳樸原始的藝術風格。

望美村部落駁坎上面，浮塑原住民傳統生活圖騰，極具文化特色。

🚗 交通資料：

下國道3號名間交流道，接合3省道，注名間市區，接合16省道，抵水里後轉合21省道，注新中橫方向，經信義、豐丘抵土場，遁久美部落指標上行即至。

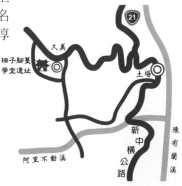

國姓北港溪糯米橋

發現台灣古蹟
Taiwan easy go

等　　級：三級古蹟

創建年代：昭和15年（1940年）

古蹟位置：南投縣國姓鄉北港村西側

糯米橋斑駁錯落圓拱橋墩，在陽光下流露出殘缺之美。

北港溪為中部大河－大肚溪上游兩大支流之一，發源於合歡山西麓和白姑大山東側谷地，溪流總長113公里，為國內河流長度排名第6的高山溪流，上游峽谷峭壁，瀑布林立，地形陡急，惟兩岸森林蓊鬱，植被完整，自然生態豐富，孕育了薈萃的人文與自然奇景。

國姓糯米橋，巍然橫跨在激湍的北港溪兩岸，為北港村上游居民，早年出入的重要孔道，創建於昭和15年（1940年），據說係因應上游戰略物資快速運輸需求而興建，造橋工程由台中州日本商社源田組承攬，為國內三大糯米橋之一，卻是唯一的三級古蹟。

糯米橋全長50餘公尺，寬近6公尺，橋面距岩肌裸露溪底，落差約12公尺，是一座應用先民智慧和雙手，以無比毅力創造的心血結晶，結構堅實，雖歷經賀伯、道格風災肆虐，並遭受921地震洗禮，依舊屹立不搖，可惜卻在2005年七二水災遭逢重創，致整座橋面被沖毀，讓糯米橋不敗的神話終究破滅。

糯米橋興築工法堅實，依力學原理設計，橋墩迎水面，設計為圓弧形，藉以化解水流強大沖刷力道，橋基為三墩四孔，圓弧形孔距約12公尺，形態優美，採傳統石造工法鋪設，古橋迄今已屹立北港溪兩岸近70年，為國姓鄉內珍貴的地方瑰寶，民國83年公告為三級古蹟。

糯米橋

北港溪為烏溪上游兩大支流，自然生態豐富，孕育了薈萃的人文與自然奇景

糯米橋為手工打造，是先民智慧與心血結晶，橋基為三墩四孔，形態優美

造橋石材，取自北港村下游，埔尾段堅硬砂岩，並依橋樑形狀部位，所需切面角度，就地打造，並以糯米、紅糖和蓖麻油，混合炊煮攪拌當粘著劑，隨受壓重量增加，橋墩結構卻愈堅實，展現出先民高超技術和智慧。

目前糯米橋，仍採原貌保存方式，尚未完整修護，得以見證自然力量的偉大，而斑駁錯落圓拱橋墩，在陽光下也流露了一段殘缺之美，值得用心欣賞。

北港村結合糯米橋古蹟，設計了具當地特色的精神圖騰公園，以吸引遊客。

此外北港村爲發展山村休閒產業，結合糯米橋古蹟，設計了具當地特色的精神圖騰，和小型農村遊憩公園，及香花農園民宿等設施，並規劃寬敞公園化停車空間，積極迎接糯米橋古蹟修復後的遊憩熱潮。

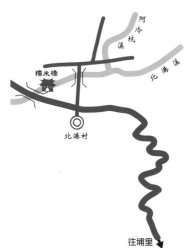

北港村公路旁，小型農村設施遊憩公園林立，提供遊客懷舊旅遊新據點。

🚗 **交通資料：**
下國道3號草屯交流道，接合14省道，往埔里方向，抵柑子林，左轉經國姓市區，再轉合21省道，在進入北港村前即抵糯米橋古蹟。

新港水仙宮

等　　級：二級古蹟
創建年代：乾隆4年（1739年）
古蹟位置：嘉義縣新港鄉南港村
　　　　　舊南港58號

新港水仙宮是一座見證古笨港街，經歷滄海桑田歲月變遷的古老水神廟。

新港水仙宮，古名水僊宮，原爲蕞爾小廟，又稱笨港水仙宮，肇建於清乾隆4年（1739年），是一座見證古笨港街，自清代初葉開發後，迅速由繁華而殞落，經歷滄海桑田歲月變

1.水仙宮古廟，流露不同時期的修建風格。
2.拜殿為捲棚頂，屋脊中央為麒麟送子剪黏，並不多見。
3.廟內主祀禹帝為首，並從祀項羽、伍子胥、屈原、魯班五位水仙尊王。

精美水車堵交趾陶泥塑，已面臨毀損的不堪情境。

遷的古老水神廟。

水仙宮現貌，融合協天宮歷代多次修葺所遺留的珍貴構件材料與文物，涵蓋清代早、中、晚期，不同年代的建築特色，是研究清代台灣傳統閩南式廟宇建築，最具代表性的古廟之一。

古廟奉祀水仙尊王，沿海居民以河航水利，皆為其所轄，故而崇信建廟，祈求航運平安；廟內主祀以禹帝為首，並從祀依序為項羽、伍子胥、屈原、魯班的五位水仙尊王，有別於台灣民間常見奉祀大禹、伍員、屈原、王勃、李白為水仙尊王的慣例，十分獨特。

笨港水仙宮，至乾隆45年，方由貢生林開周首度倡議拓建，並由舖商船戶共同集資興築，一舉成為當地著名大廟，廟貌宏偉，香火鼎盛，目前廟內尚完整保存乾隆年間貢生林開周捐獻的一對龍柱，為罕見清初龍柱精品。

嘉慶8年（1803年）笨港溪水氾濫成災，水仙宮和協天宮，同遭洪泛沖倒厄運，11年後，鄉民再度鳩集資金，並選擇笨南港街現地，重建水仙宮。

清道光28年（1848年），笨港南、北街金正順、合順、金晉順三大郊商，共同倡議增建後殿，以奉祀在民間素有武財神之譽的關聖帝君，2年後新廟落成，順利迎回協天宮古神像奉祀，至此終於兩廟合一；戰後，古廟因年久失修，顯露荒廢破敗景象，便再度鳩工購材整修，歷時3年，古廟煥然一新，始成今日所見樣貌。

水仙宮為三進兩廊式格局，面寬三開間，前庭寬廣，採泉州白石鋪面，前殿為三川式燕尾脊，中央置雙龍剪黏，左右燕

古廟山牆剪黏捲草燕尾，和懸魚泥塑，線條圓滑柔順，造型雅致。

不同主題木雕彩繪，完整保留了古廟拙樸的藝術風格，令人動容。

尾則飾以鰲魚，尊卑井然。

前殿步口廊，為全寺門面，自然也是裝飾重點，在這裡可以欣賞不少清代不同風格的精緻木雕，尤其中央門楣上生動的獅首門簪，和兩面廊牆螭虎團爐窗，與通樑上細膩的獅，象座圓雕，及束隨、書卷式員光，以「四聘」堯聘舜典故及渭河聘賢、漁問和三國誌空城計與鯉魚花鳥、喜上眉梢、等不同主題木雕彩繪，完整保留了清代拙樸的藝術風格，令人動容。

此外高大蟠龍柱與雕鑿繁複的青斗石獅和門枕石、櫃台腳、石柱、柱珠，和對看垛龍虎堵樸拙的舐犢情深畫面，與水車堵交趾陶泥塑，皆流露不同時期的修建痕跡，也表現清代中、晚期迴異的雕鑿彩塑風格，使原本樸實的古廟增添了不少華麗風貌。

內院空間高敞，拜殿為捲棚頂，屋脊中央為麒麟送子剪黏，並不多見，正殿格局方正，採用一條龍燕尾式屋脊，以示隆重，殿內抬樑式木棟架與斗栱、瓜筒、鳳凰、鰲魚雀替、束隨、垂花等，用材飽滿，造型多變，彩繪絢麗，正殿中央雕飾細膩的神龕頂端，高懸笨港縣丞獻贈「日月爭光」古匾，亦見證了嘉慶年間重建史實。

廟內蒐藏的珍貴文物，有正殿神案上，道光己酉年重建時郊商金正順、合順敬獻石質香爐，還有協天宮咸豐年古匾，龍柱、道光年重修碑記、擅射尊者、盪舟尊者神像和清代神龕格扇雕飾等，此外廊牆逐漸漫滅退色彩繪，以及鰲魚排水口，與造型迴異的懸魚泥塑，均是古廟內值得用心欣賞的精品藝術。

北港鎮　水仙宮

⑲

嘉
67

164　往新港

🚗　交通資料：

下國道1號大林交流道，接162縣道西行，轉157縣道，抵新港市區，接164縣道，注北港方向，自新南港橋，遁水仙宮牌樓進入。

西螺振文書院

發現
台灣古蹟
Taiwan easy go

等　　級：三級古蹟
創建年代：嘉慶17年（1812年）
古蹟位置：雲林縣西螺鎮
　　　　　興農西路6號

振文書院山門的屋頂形式為尊貴的三川殿搭配歇山頂的複合式建築，十分罕見。

振文書院前身為文昌帝君祠，早年民眾泛稱為文祠，裝飾古樸素雅。

左廂角落隱蔽的香泉古井，默默訴說昔日戒毒歲月的滄桑。

　　西螺位於雲林縣最北端，古稱螺陽，為台灣武學發源重鎮，昔日曾以「西螺七崁」聞名，也是文風鼎盛，人文薈萃的溪畔淳樸小鎮。

　　清代雲林縣一度同時擁有五所書院，其中西螺一個地方，就擁有兩座書

軒亭前方設四爪雲龍御路石，左抓王印，右掌文昌筆，顯現書院崇高地位。

院，分別是振文和修文書院，也算是台灣另類奇蹟；修文書院在道光23年，由貢生詹錫齡倡建，尊奉紫陽夫子，可惜在清代末葉早已坍塌拆除，灰飛湮滅，並未留下痕跡，只是區區小鎮，卻能擁有兩座書院，是創舉或派系糾葛，真正原因早已隨歲月而淡化。

　　振文書院前身為文昌帝君祠，最早肇建於嘉慶2年，（1797），為木構土埆壁傳統建築，鎮守於市街東南方，早年民眾泛稱文祠廟，當年著名詩社「振文社」就設在文祠廟內。

　　嘉慶初年中部沿岸盜賊橫行，因礙於防禦需要，逐漸衍生重武輕文趨勢，遂由文祠首事生員廖澄河，會同振文詩社之生員和當地仕紳於嘉慶17年（1812年）共同集資，將規模簡陋的文祠改建，同時設立學堂書社，以提昇當地文化風氣，重建後，廟貌恢弘，崇祀五文昌帝君，並重新命名「振文書院」。

　　1821年(道光元年)　詩社成員，在振文書院前

庭又捐建魁星樓，咸豐2年和同治年間並兩度重修，光緒13年書院年久失修，再由振文社主事，募款改建爲閩南式建築，日本領台後，於明治40年再度重修，大正10年更大規模改建，重舖前院，將原本木構土埆壁拆除，改爲近代清水磚斗子砌，民國36年由李錫禧發起捐修，遂成今日廟貌。

振文書院首進山門，係民國78年增建，但白石方柱石材卻是光緒壬辰年(1892年)即已備妥，卻因故未建，屋頂形式爲尊貴的三川殿搭配歇山頂的複合式建築，十分獨特，屋脊主從段落分明，飛簷翹脊，形式尊崇素雅，正脊燕尾配飾鰲魚，中央脊飾象徵智慧的摩尼珠，垂脊牌頭和垂花豎材皆以人物裝飾，細看還發現人物造形相同，極爲新鮮，山牆內側鑲嵌書院創建碑記，意義深遠。

中港間疊斗四層，採獅首門簪，中門楹柱前方，設古樸渾厚的椒圖抱鼓石和門枕，大門兩側鑲飾古意吉祥之螭虎團爐透雕窗，圖案內容涵蓋六隻夔龍、寶瓶、香爐和寶珠雲紋等，造形豐富，用色淡雅，門廊的瓜筒、員光和斗拱，同樣雕飾簡雅，以流暢的淺雕「琴棋書畫」四藝裝飾，儉樸風雅。

1. 神龕高懸「百代文衡」匾，和陶製古香爐都是振文書院內珍貴文物。

2. 正廳抬樑式三通五瓜棟架，讓空間顯得典雅高敞，牆身置「忠孝廉節」匾聯。

3. 正廳講堂採用成排柱列結構，讓空間顯得更為寬敞。

內埕舖設石板，正廳三開間講堂前，以八根石柱撐起燕尾翹脊的丹墀拜亭，脊飾繁複，翼角吊筒不加角柱，別具特色，昇高的臺基前方設四爪雲龍御路石，左抓王印，右掌文昌筆，也顯現了書院文昌的崇高地位。

正廳採抬樑式三通五瓜棟架，讓空間顯得典雅高敞，左右牆身置匾聯，以蒼勁行書題：「忠孝廉節」，簪下懸掛一幅嘉慶癸酉年(1813年)由振

三開間燕尾翹脊的丹墀拜亭，脊飾繁複，翼角吊筒不加角柱，別具特色。

文社弟子贈置的「千秋書祖」古匾，神龕上則高懸「百代文衡」匾，正堂雀替鰲魚有獨占鰲頭和防火的雙重意義，和陶製古香爐都是振文書院最具歷史價值的珍貴文物。

書院兩翼廂房置學舍、招待所，外圍以紅色磚牆拱護，並設側門，後院綠樹蓊鬱，清新寧靜。左廂角落有座隱蔽加蓋的古井，名為香泉，據說當年鴉片癮君子，在戒除煙毒時，煙具先在前院焚毀，只需服食書院爐丹，並汲飲香泉井水，即有解癮奇蹟，一時求取香泉信徒絡繹不絕，蔚為風潮，可惜目前泉源已枯，祇餘一口圓井默默訴說昔日歲月的滄桑。

振文書院興衰，彷彿古螺陽傳承百年的歷史隧道，結構精彩，也清楚記錄了當地社會的發展軌跡，值得遊客細心品味。

交通資料：

下國道1號西螺交流道，接合1省道，注西螺市區，左入大同路，抵興農西路左轉，抵振文書院。

西螺廖家祠堂

等　　級：三級古蹟
創建年代：清道光28年（1848年）
古蹟位置：雲林縣西螺鎮福興路222號

廖家祠堂俗稱崇遠堂，為西螺近郊著名的歷史古蹟，其前身「繼述堂」，草創於道光28年（1848年），原坐落在下湳村落附近，奉祀清武本派

祠堂外觀為斷簷升庵形式，彩繪雕飾精彩，更顯華麗尊貴。

140

崇遠堂為二殿兩廊兩護龍格局
傳統閩南式合院建築，三川殿
石雕繁複精緻。

的張廖始祖張元子公與歷代祖先，爲著名西螺七崁廖氏家族，愼終追遠的精神信仰中心。

張廖始祖張元子公，原籍漳州詔安官陂，於明洪武年間，入贅殷實富商廖化公獨女，待如親子，但後裔僅得一子，遂以「生當姓廖，死必歸張」爲誓，臨終後，其子遵從父訓，即自創複姓，更名爲張廖友來，並制定七條祖訓，作爲家規，並嵌入祖祠牆身，即謂之七崁箴規。

康熙40年（1701年），廖家12世祖廖朝孔，偕手足5人，冒險橫渡黑水溝，首在二崙鄉荒埔落腳拓墾，並陸續自原鄉邀約親友來台，開闢荒野，歷經百餘年披荊斬棘，克勤克儉，瓜瓞綿延，爲飲水思源，並凝聚家族向心力，道光26年首由廖秋紅數人倡議集資，在下湳購置田產，2年後建繼述堂。

廖氏家族人口眾多，多分散在西螺、二崙、土庫等地，廖家祠堂竣工啓用後，遂依地理環境劃分七個區域，俗稱西螺七崁，並賦予每區輪流負責春秋祭祀活動權責，同時主辦每年秋收後，以來惠村新店祝天宮七崁媽爲首的迎神賽會，十分熱鬧精彩，早已成爲地方具代表性的年度盛事。

神龕花罩還雕刻精彩實木
龍柱，藻飾精巧，金碧輝
煌，爲祠堂生色不少。

可惜光緒初年的「白馬事件」，導致和當地鍾、李二姓人家，嚴重衝突，械鬥事件更延續2年4個月，彼此傷亡慘重，經濟衰頹，生活困頓，自然亦無意於迎神祭典和祖祠修繕，光緒17年（1891年）一場風災，讓年久失修的祠堂，雪上加霜，終於整個傾圮坍塌下來。

有鑑於下湳繼述堂祖祠落成後，天災人禍不斷，多數族人質疑風水環境不佳，反對原地重建，致延遲到大正13年，再由廖重光、廖富淵、廖學昆等人，發起異地重建，總工程費14萬日圓，2年後動工，昭和3年（1928年）新祠完工，同時

祠堂設雲龍御路石，
屬抬樑式結構，空間
高敞，內部再以四道
柱列分隔主從。

改名「崇遠堂」。

廖家祖祠「崇遠堂」，坐落在西螺市郊翠綠的田野之間，坐東向西，佔地廣闊，前臨大義崙排水渠道，爲玉帶水吉地，祠堂外觀爲二殿兩廊兩護龍格局的傳統閩南式合院建築。

「崇遠堂」正面五開間，前院花木扶疏，前殿三川燕尾脊，屋頂採斷簷升庵形式，更顯華麗尊貴，中港明間內縮成凹壽形態，門額高懸「崇遠堂」橫匾，中門兩旁牆堵，以精緻細膩的三國志故事石雕裝飾，前方並置一對高大活潑石獅和雕工繁複的蟠龍石柱，頂層步口通樑彩繪和員光

廖家祠堂俗稱崇遠堂，爲著名西螺七崁廖氏家族，慎終追遠的精神信仰中心。

獅座，及垂花雀替木雕，題材獨特，尤其正面豎材，以雷公和天使人物與傳說中的玄武異獸…等作爲主題，中西合璧，極具創意，值得深入研究。

前殿門額頂端，還有一面昭和年間「和氣致祥」大幅匾額，爲家族自省自勉之作；內埕鋪設石板，

西螺七崁廖氏家族，崇文尚武，近郊設有武術紀念公園。

（前殿圖）

前殿還有一面昭和年間「和氣致祥」大幅匾額，爲家族自省自勉之作。

兩側以捲棚式燕尾簷廊，銜接拜殿，前方則豎立一對石雕龍柱，爲祖祠增添氣派丰采；正殿五開間，基座升高，以彰顯正殿尊榮，兩側牆面嵌飾忠孝節義故事，殿前設洗石子雲龍御路，祠堂大木棟架屬抬樑式三通五瓜結構，空間高敞，內部再以四道柱列分隔主從，神龕花罩還雕刻精彩絕倫的實木龍柱，藻飾精巧，金碧輝煌，爲祠堂生色不少。

交通資料：

下國道1號西螺交流道，接合1省道，注西螺市區，左入大同路直行，接興農西路再左轉，接154甲縣道左行南下，抵路旁廖氏崇遠堂。

廖家祖祠，坐落在西螺市郊翠綠的田野之間，坐東向西，爲玉帶水吉地。

142

發現台灣古蹟

南部篇

日本神社附屬館所

等　　級：市定古蹟
創建年代：大正4年（1915年）
古蹟位置：嘉義市公園街42號

嘉義市史蹟資料館，前身為嘉義神社倖存的齋館及社務所，和風色彩濃郁。

公園入口贔屭古碑，為乾隆53年福康安紀功碑，極具歷史意義。

參拜道入口，左右兩側造形威猛的狛犬，氣勢不凡。

發現台灣古蹟 Taiwan easy go

日本神社附屬館所，爲日領時期，嘉義神社倖存的典型日式傳統建築，近年已被納入嘉義市定古蹟，經原貌整修後，完整規劃爲嘉義市史蹟資料館，其和風外觀極具特色。

嘉義日本神社，坐落在市郊中山公園，蒼翠蓊鬱的樹林間，屬於日治年代最具代表性古蹟，嘉義神社創建於大正4年（1915年），戰後，原本珍貴檜木搭建的神苑與高大鳥居，已被拆除改建爲現代感十足的射日塔和忠烈祠牌坊，十分可惜。

而神社附屬建物，仍遺留齋館及社務所和參拜道，以及緊鄰的淨手舍、神器庫，和夾道排列的日式石燈籠，及左右兩側造型威猛的狛犬，氣勢不凡，依然流露獨特的和風色彩。

走進中山公園內部，自參拜道石階，步入神社前庭，兩側俱是古樸典雅的石燈籠夾道而立，右方矗立斑駁古意的社務所和齋館，爲昭和18年（1943年）建造，屬於日式「書院造木構建築」，十分罕見，前方置軒亭，前方入口玄關，爲仿唐宋博風式建築，屋頂高處設鬼瓦，並披上日本辰野式黑色瓦片，前方並以精細木雕裝飾，整體外觀清雅肅穆，極具和風美感。

內部配置單純，陳設簡單，木

齋舍木質牆身裝飾圓窗和木欄窗，並點綴古雅圖案，讓史蹟瞬間鮮活起來。

質門窗很多，主要格局有正門玄關、起居室、客廳、客房等空間，處處窗明几淨，建築底層台基升高，以達到防潮作用，內部陳設以高級原木材質為主，空間寬敞明亮，木質牆身還裝飾有圓形窗和木櫺窗，其間並點綴古雅圖案，讓史蹟瞬間鮮活起來。

日式館舍內部，陳列市政府珍貴文史蒐藏，以及民間熱心捐贈或提供借展的珍貴文物和歷史照片，佈置十分典雅，而且清爽舒適，是研究諸羅歷史的絕佳資料庫。

此外中山公園闢建於明治43年，園內崗陵起伏，綠樹蔥蔚，到處可欣賞龍鍾古樹風采，四周更陳設許多和古諸羅縣發展，息息相關的歷史古物或圖騰，宛如一座美麗且富於自然氣息的史蹟紀念公園。

公園入口前方豎立獨特贔屭古碑，為林爽文事件遺留的福康安紀功碑，與嘉義古名改變關係密切，極具歷史意義；此外附近還遺留罕見的一江山陣亡將士紀念碑，而嘉義市孔廟也是公園內值得瀏覽的傳統建築，尤其兩旁的清代石碑，與公園北側古老蒸氣火車頭和斑駁鏽蝕的古砲，更是見證當地發展與歷史變遷的重要開發史蹟。

【日本神社附屬館所】

1 2 3

1.緊鄰的淨手舍，和夾道排列的日式石燈籠，讓遊客感受了淡雅的和風氣息。
2.嘉義神社珍貴檜木搭建的神苑，已改建為現代感十足的射日塔，十分可惜。
3.斑駁的社務所屬於日式「書院造木構建築」，台灣十分罕見。

交通資料：
下中山高嘉義交流道，接159縣道東行，過嘉雄陸橋，接民族路，至啟明路，抵中山公園。

嘉義北門驛

等　　級：市定古蹟
創建年代：明治43年（1910年）
古蹟位置：嘉義市東區共和路
　　　　　482號

發現台灣古蹟 Taiwan easy go

嘉義北門驛，又稱北門車站，為阿里山森林鐵路，自嘉義出發後的首站，創建於明治43年（1910年），是森林鐵路最早完工的小型站場，也是鐵道即將進入山區的前哨站。

北門驛，位於嘉義市區東北方，海拔31公尺的平緩廣闊山麓，距嘉義站，僅1.6公里，原為北門修理工場，

北門驛材料取自阿里山珍貴紅檜和鋼架結構，雖已近百年歷史，依然風韻猶存。

隸屬總督府阿里山作業所殖產局林務課管理，初期本站為森林鐵路起點，自然也擔負阿里山鐵道沿線，各場站聚落民生物資供應和貨運集散，地位極為重要。

阿里山森林鐵路興建，主要目的便是高山珍貴巨木森林開發，這片千年森林寶庫，在明治32年（1899年）由日人石田常平首先發現，再由台灣總督府森林學琴山河合博士，深入調查，並擬定開發計畫，建築登山鐵路，前後歷時12年，於明治44年（1911年）正式完工通車。

簷下有外伸雨庇，再以分叉鑄鐵管穩固，四周設大型玻璃窗，通風採光一流。

146

鐵道工程極為艱鉅，幸賴築路工程師巧思，運用之形折返式軌道設計，始克服最艱險路段，初期規劃路段僅到二萬坪，隨後再延伸至阿里山、水山一帶山區。

早期營運以載運原木為主，偶而附掛車廂載運工作人員，隨後才正式加掛載客車廂，稱便乘列車，昭和17年（1942年）森林鐵路，移交台灣拓殖株式會社經營，光復後，再改隸林務局負責，50年代也是阿里山鐵道最風光時刻，民國62年北門新站落成啟用，北門驛也隨著功成身退，淪為調度維修和置物卸貨場所。

北門驛站內仍保留月台，和色彩鮮麗明亮的森林鐵路登山火車，令人懷念。

民國87年北門驛遇上祝融之災，車站建築大半被焚毀，隨後被劃入市定古蹟，再依原貌修護，始成今日樣貌。

北門站內設解說牌和創站文物，不妨細心閱讀。

北門驛為日式和風造型建築，車站廣場開闊，綠樹林立，風物清新，興建材料取自阿里山珍貴的紅檜和鋼架結構，雖已近百年歷史，依然風韻猶存。

屋頂為日式傳統四坡黑瓦屋脊，簷下有環繞站場的避雨長廊，四邊再以分叉鑄鐵管強化，唐博風式入口玄關，向外微突，外壁鋪設雨淋板，接合處再以鐵件補強，流露獨特的和風色彩；內部辦公室和候車空間，均開有大型推拉式玻璃木窗，通風採光一流。

目前北門驛，整修後，除日式車站外觀，站內仍保留月台、候車室、售票口、茶水間、調度室、木質站牌等設施，旁邊還留存早年防空洞，以及紅色鮮麗的舊式窄軌車廂，和蒸氣火車頭，風情獨具，也是火車迷不會錯過的經典車站。

🚗 交通資料：

（1）下國道1號嘉義交流道，接159縣道北港路，左轉合1省道博愛路二段，至忠孝路右轉抵林森東路口附近。

（2）自嘉義火車站，搭阿里山森林鐵路，在北門站下車。

嘉義八獎溪義渡碑

乾隆年間創建的彌陀古寺，見證先民早年渡河拓墾的艱辛。

> 等　　級：三級古蹟
> 創建年代：道光27年（1847年）
> 古蹟位置：嘉義市東區彌陀路
> 　　　　　1號（彌陀寺前）

八獎溪畔彌陀古寺庭園，散置翼角揚升造型獨特的尖塔群，景致古典優雅。

　　台灣島幅東西狹窄，高山林立，河流短促，水勢湍急，尤其夏秋雨季，兩岸間，常需依賴舟渡，維持行旅安全，清代早期，八獎溪是諸羅往南或朝東進入番地通商貿易，極為重要的水陸運輸孔道，因此下游沿岸渡口紛沓，其中又以彌陀寺前渡口，交通最繁忙，設立渡口歷史也最久遠，據說可溯至開台之初。

　　八獎溪義渡，坐落在嘉義市東郊，和中埔鄉隔八掌溪毗鄰而居；八獎溪為今日八掌溪古名，主流溪源集水區，散佈於阿里山西稜支脈的奮起湖大凍山一帶，溪長雖僅74公里，但受斷層板塊運動影響，落差幾乎高達1800公尺，致雨後，常見洪泛狂潮，洶湧而至，凶險異常，近代著名八掌溪事件，就是發生在午後雷雨，導致溪水暴漲所引起的意外事件。

　　八獎溪義渡，便是由當地熱心的近百位官紳郊舖，於道光27年（1847年）倡募捐設，

八獎溪義渡，由熱心官紳郊舖倡募捐設，並在渡口設立義渡碑，以昭公信。

八獎溪渡船頭水域，平時流緩，雨後，常見洪泛狂潮，洶湧而至，凶險異常。

提供來往行旅溫馨且安全的舟渡服務，渡船頭位置大約在彌陀寺西方半公里處，並在渡口附近，設立一座花崗石質義渡碑，以昭公信。

相傳最早義渡，始設清康熙54年（1715年），由諸羅知縣周鍾瑄捐貲倡議，首先採編製竹筏，在夏秋雨季免費濟渡鄉民過河，往南進行貿易，直到道光年間，才以舖戶募集資金購置田產，並以田租收入，雇工擺渡，造福行旅。

日本大正12年，為便利兩岸交通運輸需求，在彌陀寺左前方，興建一座長達五百公尺鐵線吊橋，一舉解決渡河難題，也讓八獎溪義渡，從此走入歷史。

八獎溪義渡碑，在公園高處，建有歇山頂涼亭，以適當保護史蹟安全。

八獎溪義渡碑，也隨著開發腳步，數次遷移，如今總算在乾隆年間創建的彌陀古寺旁義渡碑公園落腳，並建立一座歇山頂涼亭，為其遮陽避雨，以見證先民早年渡河拓墾的艱辛。

彌陀古寺內，腳踩四藝書畫的仁獸麒麟，線條優美。

碑畔另佇立一座高6公尺六角形五層磚造義民塔，建於昭和13年，塔內合祀為地方取義犧牲的昭忠義民公503位，另有忠義19公遺骸，角落裡，還設立一塊石碑，訴說著義民浩氣長存的英勇血淚事蹟，令人感動。

碑後，彌陀古剎廟貌巍然，廟內保留不少珍貴文物古碑，環境清靜幽雅，暮鼓晨鐘，梵音遠揚，山光水色，風韻迷人，假日遊客如織，尤其八獎溪畔庭園，還散置數座翼角揚升，造型獨特的尖塔群，景致古典優雅，值得順道參訪旅遊。

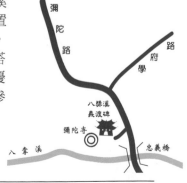

義民碑畔，造形別致義民塔，高6公尺，五層磚造，紀錄著無數英勇事蹟。

🚗 交通資料：

下國道3號中埔交流道，接合18省道西行，轉嘉139?道彌陀路，抵八掌溪北岸彌陀寺。

149

【嘉義八獎溪義渡碑】

嘉義王祖母許太夫人墓

發現
台灣古蹟
Taiwan easy go

王祖母許太夫人墓，伊在封閉且枝葉茂密果園間，探訪不易。

茂密果園間，幸好仍保存了高大石獅，以鎮衛一品夫人古墓。

等　　級：三級古蹟
創建年代：道光19年（1839年）
古蹟位置：嘉義市東區羌母寮
　　　　　41號

　　王祖母許太夫人墓，坐落在嘉義市東區羌母寮平緩山麓，附近仍保留不少傳統三合院建築，古意盎然，環境清幽，是一座和清代台灣官階最高的武將，水師提督王得祿相關的清制古墓。

　　這座古墓雖貴為三級古蹟，墓碑上也有一品夫人封號，但它的規模和格局卻遠不及國內其他的古蹟墓塋，佔地約100坪，加以侷處在封閉且枝葉茂密果園間，令人有些遺憾與感慨，是屬於小巧古樸的清代史蹟。

　　王祖母許太夫人，本名許月，或稱定舍娘，為王得祿胞兄，王得嘉的夫人，王得祿幼年失怙，加以年少輕狂，好鬥成性，經常在外惹事生非，頻遭家法處分，常得兄嫂許氏暗助，並協助教養撫育，照顧有加，在許氏死後，王得祿奏請封贈一品夫人銜，其兄

古拙的花崗石麒麟寶柱，身體幾乎被綠色藤蔓包圍，有些無奈。

150

可惜古墓不少寶柱吉獸圓雕，都被斷頭毀損，增添了一絲絲遺憾。

墓手以花崗石寶柱裝飾，柱頭並飾以古拙吉象圓雕，增添古墓的氣派風韻

南部篇

【嘉義王祖母許太夫人墓】

也追贈振威將軍，共享榮耀，並遷葬羌母寮現址。

王祖母許太夫人墓，原為三合土築造，道光19年，由其六位孫輩，加以重修，並依大清會例，安置望柱石獅，以彰顯家聲。

墓園屹立在蒼翠果園底下，歷經百餘年，已呈現斑駁老態，由墓塚區和墓碑，以及墓庭、墓手和土地公組成。墓碑頂端額題「江右」，左右墓肩石則採精美的夔龍圖案拱護，墓碑中央墓誌銘文：「皇清賜封一品夫人王祖母許太夫人之墓」兩側並有「道光拾玖年己亥歲葭月」和「孝孫源厚、源本、源惠…曾孫…等仝立」字樣，紋圖依舊清晰。

墓庭由內而外漸低，顯示空間的主次，井然有序；墓丘上面飄滿落葉，並向後漸次增高環抱整座墓身，前方的墓手短牆佈滿青苔，墓手轉折處寶柱，以花崗石柱裝飾，柱頭並以古拙的麒麟，瑞獅，吉象和蒼鷹圓雕裝飾，更增添古墓的氣派風韻。

可惜其間不少寶柱圓雕古獸，都被斷頭毀損，增添了一絲絲的遺憾，土地公則位於墓碑左方，靜靜守護長眠墓主的安寧，守墳農家還配有斑駁的穀亭笨，極具古早鄉村風情。

交通資料：

交通資訊：下國道3號中埔交流道，接合18省道西行，轉嘉139鄉道彌陀路，抵大雅路右轉，注蘭潭方向上坡，抵羌母寮修車廠後面墓園。

古墓所在，嘉義市東區羌母寮山麓，附近仍保留不少傳統三合院建築

民雄大士爺廟

等　　級：三級古蹟
創建年代：嘉慶2年（1797年）
古蹟位置：嘉義縣民雄鄉中樂
　　　　　路81號

民雄大士爺廟，為台灣唯一以大士爺為主神奉祀的清代古廟。

中門大楣之上，置「大士爺廟」匾，並搭設複合性四層疊斗，風情獨具。

前殿步口，鎮殿石獅，為清代晚期作品，可愛拙趣。

中門身堵木雕題材為十八層地獄惡鬼殘酷刑罰，極為寫實，深具警世作用。

　　民雄大士爺廟，據說最早創建於清初乾隆年間，但以嘉慶2年（1797年）為其建廟之始，則真實性較高，為台灣唯一以大士爺為主神奉祀的清代古廟。

　　大士爺又稱大士爺公或鬼王，相傳大士爺原是危害地方的十方惡鬼統帥，隨後經觀世音菩薩收服，便不再逞兇作虐，其頭頂小尊觀音大士神像，屬於具神鬼同體特性的民俗神靈，擁有一份令人敬畏的神秘色彩。

　　根據傳說大士爺亦神亦鬼，平時少見廟宇供奉，通常僅在建醮普渡祭典時才會臨時以紙紮神像設立，當超度完畢或普渡祭典結束後，必將大士爺神像置於金紙堆一起火化，除祈求人鬼和平相處，也有祈請鬼王協助鎮邪辟煞作用，因此每年中元普渡祭典，自然成為大士爺廟，一年中最熱鬧而重要的民俗節日。

　　大士爺廟原為平埔族打貓社奉祀的大士爺公，清代中葉肇因族群因素，閩粵械鬥頻仍，造成許多無辜民眾傷亡，加以當時疫癘流行，民心惶惶不安，為了慰祭無辜亡靈，

便由閩粵兩籍鄉紳共同發起，藉由大士爺敬天普渡祭典，慰藉無祀孤魂，同時安撫鄉民，並進而促使漳泉居民和諧相處，最後更演變由兩籍移民協議建廟美事。

大士爺廟，為磚石杉木混合建築結構，三進兩廊，正身三開間，主要樑柱廟材取自光緒32年（1906年）同遭強震毀損的「慶誠宮」媽祖廟，和開漳聖王古廟，今日廟內還可輕易發現道光年間開漳聖王建廟石碑和大香爐，以及嘉慶12年「慶誠宮」廟匾與道光25年石香爐，整體建築凝聚了對鄉土的深層關懷，也注滿了鄉民和諧團結的精神意象。

三川殿左側，至今仍保留樑木被砲彈碎片插入的殘蹟，令人怵目驚心。

前殿步口，三川脊燕尾飛簷，泥塑剪黏彩飾繽紛，中門大楣之上，置「大士爺廟」匾，並搭設複合性四層疊斗，風情獨具，兩側身堵木雕，以地獄內的烙筒、剖心、权刑等殘酷刑罰，作為主題，極為寫實，具有警世作用，亦十分罕見。

廟門石獅、龍柱、麒麟堵和對看堵石雕，雕工古樸，刻劃入微，多為清代古廟遺留的斑駁文物，值得細心品味，可惜作品多被欄杆圍繞保護，令人遺憾。此外牌樓面的垂花、雀替和獅座員光和水車堵也是雕飾華麗，而且繽紛多彩，成為一座結合了藝術和宗教元素的傳統文化殿堂。

廟牆石雕刻劃入微值得細心品味，可惜作品多被欄杆圍繞保護，令人遺憾。

三川殿後步口，藉漳派金瓜筒裝飾二通二瓜，以抬升桁樑，左側牆身，展示樑木被砲彈碎片插入的殘蹟，令人怵目驚心；古廟正殿奉祀觀音大士，左配殿祀開漳聖王，右祀開台尊王，後殿則主祀慶誠宮天上聖母，並配祀城隍尊神與註生娘娘，今日廟貌為大正12年，以慈濟寺名義重建，為多廟並列格局，直到民國76年，再度恢復古廟名，以延續大士爺廟感人的創廟精神和本土文化。

🚗 交通資料：

下國道3號竹崎交流道，接166縣道西行，抵轉合1省道北上，左轉164縣道，經民雄和平路抵中樂路大士爺廟。

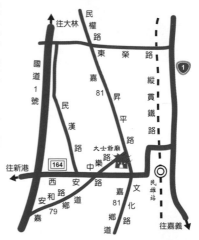

億載金城

等　　　級：一級古蹟
創建年代：清光緒元年（1875年）
古蹟位置：台南市安平區南塭16號

發現 台灣 古蹟
Taiwan easy go

營門為磚造結構，沈葆楨在前門額題「億載金城」，也是砲台名稱由來。

億載金城是台灣首座配備英國阿姆斯托朗大砲與前膛鋼砲的清代砲台。

億載金城是國內第一座現代化西式砲台，入口懸吊式引橋已改為固定橋面。

億載金城，俗稱二鯤身砲台，或安平大砲台，是國內第一座現代化西式砲台，也是台灣首座配備英國阿姆斯托朗18噸大砲與前膛鋼砲的清代砲台，以防衛臺江海域，自然擁有獨特的歷史地位，成為國家一級古蹟。

億載金城創建，肇因於清同治13年牡丹社事件，日本藉口其島民被殺，而派兵入侵台灣，清廷派沈葆楨來台處理善後，沈氏有感於台灣南部海域防線，鬆散薄弱，奏請興建現代化西式砲台，以鞏固府城安平海防安全。

億載金城古砲台，創建於清光緒元年（1875年），由沈葆楨監造，並聘任法國工程師負責設計施工，主要結構採用熱蘭遮城紅磚，和新式鐵水泥與三合土，以版築疊砌方式建造，歷時近1年，終於全部完工，讓人期許這座宏偉新式砲台，能發揮強大的嚇阻和防衛力量。

可惜億載金城砲台防衛角色，僅在光緒21年乙未年日本侵台戰役，展現過一次身手，擊沉日本派遣在安平外海巡弋軍艦；日本領台後，即已陷入荒廢狀態，二次大戰接近尾聲前，日人更將殘舊大砲標售，僅保留一尊供人參觀，戰後還曾經有人規劃在砲台內部建廟，幸好並未成真，終將這處珍貴史蹟保存下來。

億載金城佔地3公頃多，規模宏大，形制完備，屬於西洋方形稜

堡結構形式，牆垣厚實，砲台突出，中央低陷，稜堡四周並浚深城壕，引水防禦，四個角落周圍，並種植高大綠樹遮蔭，以強化欺敵偽裝效果。

　　入口設引橋，早年為懸吊式，今已改為固定橋面，營門為梯形磚造結構，門洞半圓形，沈葆楨特別在前門，額題「億載金城」，內門額書「萬流砥柱」，筆觸蒼勁，這也是億載金城名稱由來，內部配置有5尊阿姆斯托朗大砲，和8尊小砲，擔負起戍守臺江的重責大任。

梯形營門磚材多取自安平古堡，門洞半圓形，內門額書「萬流砥柱」。

　　走進營門，放眼放去便是廣闊的士兵操練場，砲台四周以三合土版砌傾斜土牆，牆垣頂端為平坦走道，便利士兵運補作業；牆垣間附設營房、彈藥庫、糧倉、廚房等生活設施，可惜在整建中多被填平，僅剩小規模供民眾參觀。

　　牆垣頂端設胸牆保護人員，四個角落則是稜堡砲台區和小砲座區，主要大砲都安置在西側，面對西方海域，砲座前方設弧形磚造子牆，拱形大砲基座，則以鐵水泥強化結構，砲座間設有隔堆，避免被炸毀時，引起連鎖傷害，稜堡底下傾斜牆面，設兩道扶壁，以方便運送砲彈，壁面還遺有彈槽痕跡呢！

　　此外西南角砲台土堆上面，巍然聳立高大古榕，形態優美，砲台牆垣壁面，亦盤根錯節勁生許多榕屬植物，增添不少滄桑味道，尤其東北角醒目高大的掌葉蘋婆，樹形優美，常見鳥類棲息，值得遊客仔細觀察。

交通資料：
下中山高仁德交流道，東門路接府城路、開山路轉民生路經安平路至安平區左轉平豐路，接安億路，轉光州路直行。

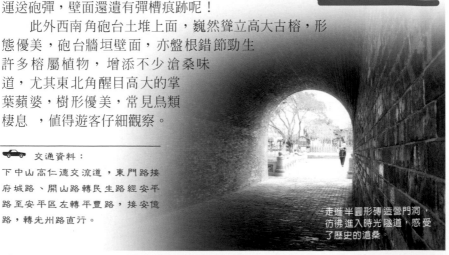

走進半圓形磚造營門洞，彷彿進入時光隧道，感受了歷史的滄桑。

台南佳里興震興宮

佳里興震興宮，原稱清水宮，
為福建安溪人創建的古廟。

等　　級：三級古蹟
創建年代：清雍正元年（1723年）
古蹟位置：台南縣佳里鎮佳里興
　　　　　325號

　　佳里興震興宮，原稱清水宮，肇建於清雍正元年（1723年），主祀清水祖師、李府千歲、雷府將軍和文昌帝君等神祇，為台灣中南部臨海鄉鎮，道教常見的祖師公和王爺合祀廟宇。

對看堵的「博古圖」交趾陶，色澤溫潤，為葉王燒珍品。

　　清水宮古廟，坐落在俗稱佳里興堡聚落，這裡漢人入墾年代甚早，明鄭時期台灣初設一府二縣，包括承天府、萬年縣和天興縣，這裡便是天興縣治所在，而清領康熙初葉的一府三縣，最初的諸羅縣治也設在此地，顯示當地人文歷史極為豐富，民國72年政府特別在震興宮前埕，設立天興治縣紀念碑，也是這座臨海小鎮殊榮。

　　清水宮為福建安溪人創建的古廟，為二進三開間合院式建築，道光元年（1821年）當地武舉人曾廷暉首度倡議重建，並

殿內廊牆水車堵，「七賢過關」作品，可見證葉王燒的功力和價值。

佇立在前殿左右墀頭上大型「憨番扛廟角」，為震興宮最具代表性作品。

獻贈「鍾靈甲地」匾額，目前仍懸於宮廟正殿中央，積極表彰祖師爺神威，也見證創廟歷史。

同治元年台南發生強震，清水宮不幸被波及震毀，居民也損失慘重，經休養生息，終在同治7年(1868年)，再度募款重建，費時八年才總算完工，並決議改名「震興宮」，即震後重興之意，亦留下了當時重建董事獻贈的「共沐恩波」和「赫濯聲靈」古匾。

此次重建最大收穫，便是留下了不少一代名匠國寶級葉王燒作品，葉王為清同治年間台灣製作交趾陶的第一把交椅，震興宮興建時，正好為其晚期低溫燒陶技術達於爐火純青之際，故其作品造形鮮活細膩，色澤溫潤亮麗，雖歷經百餘年歲月，依然歷久彌新，令人讚賞。

三川殿山牆劍獅懸魚陶燒作品色澤鮮豔，造型古趣，評價優質。

目前尚存的葉王燒真品，主要有佇立在前殿左右墀頭上面的「憨番扛廟角」，以及對看堵的「博古圖」，和殿內廊牆水車堵的「八仙過海」，與「七賢過關」，雖然其中有些人物已經失竊，或毀損補新，若未仔細比對，仍難以發現新舊作品色差之處，顯見其作品的功力和價值。

殿內裝飾仍以低溫交趾燒為主要特色，隨處可欣賞精湛的陶燒創作，而門神壁畫彩繪，則為府城名師蔡草如作品，三川殿燕尾脊飾與山牆劍獅懸魚，搭配前殿步口龍柱、石獅和壁堵石雕，以及豎材員光與雀替獅座木雕，細膩講究，和諧生動，充滿了動感張力，具有極高藝術評價，值得細細品味。

佳里興震興宮 附祀文昌帝君，也是臨海鄉鎮，道教常見的合祀廟宇。

此外，震興宮內仍蒐藏有同治7年石香爐，與同治12年古匾，及光緒年間對聯和古老石碑，都是廟內重要的文物史料，拜訪古廟，除欣賞葉王交趾燒之外，也不宜忽略了，這深藏的文化之美。

交通資料：
下國道1號麻豆交流道，接176縣道，轉南47?道，至佳里興震興宮。

往學甲

19

震興宮　佳里興

往將軍鄉　　南24　　往麻豆

台南安平古堡

發現台灣古蹟
Taiwan easy go

等　　級：一級古蹟
創建年代：明朝天啓4年（1624年）
古蹟位置：台南市安平區國勝路
　　　　　62號

古堡舊址紅磚平臺，移置清代水師火砲，建構了今日所見蒼茫古堡印象。

　　安平古堡又名紅毛城或安平城，荷據時期，又稱熱蘭遮城，為台灣創建年代最早的要塞砲台，也是台灣最古老西式城垣，默默見證了海上強權的入侵史實。

　　古堡位踞台南市西方近海，昔日名為臺江內海的沙汕浮嶼，因狀似古老傳說的大鯤魚，故稱鯤身，城堡即坐落於一鯤身，早年亦稱為大員嶼或台灣之島，這也是台灣島名由來。

　　明朝末年，荷蘭人覬覦台灣豐富天然資源，於天啓4年（1624年）率領船艦，大肆佔領台灣，並首築砲台防禦，直到崇禎3年（1630年）因商業貿易日盛而改築石城，清初又有台灣城、赤崁城及王城之稱。

　　安平古堡是台灣年代最早的歷史古蹟，城堡原貌，和今日所見截然不同，依台灣縣志說明，安平城形狀前長後方，城基深入地下，城域廣闊，長達二百七十六丈六尺，高達三十餘

安平古堡又名紅毛城或安平城，又稱熱蘭遮城，為台灣創建年代最早的要塞。

尺，城壁厚約四尺，爲地上兩層式城堡，城端築有雉堞，並以歐洲流行的剪形壁鎖鐵件固定，今仍殘存鐵繡斑痕。

城上設置瞭望亭，上層內縮一丈多，北門額以荷蘭文標識，有建築年代1630年灰泥字樣，城垣四周設有稜堡，擺放大砲，

典雅的歐式洋樓常吸引許多新人前往拍照。

地下層充作地窖，底層外牆略成圓弧突出，南、北兩側各鑿一口圓井，水質清冽，可於城上汲引，同時在西北隅增築外城，增強防禦，建材爲磚石共構，並以殼灰混入糯米漿，糖水搗和，作爲砌磚填縫材料，非常堅固。

近年考古學者，陸續在古堡遺址，仔細開挖，期待更深入了解古堡建築奧秘。

城內複道重樓，設立有仿西式堡壘公署，用來鎮撫民番，宏偉壯觀；明永曆15年(1661年)，鄭成功爲反清復明，先攻克澎湖，繼而自鹿耳門進入臺江，先克普羅文帝亞城，再攻熱蘭遮城，將荷蘭人降服驅離。鄭氏戰後，移居台灣城內，爲紀念鄭氏原鄉故里，便將此地更名「安平」，成爲承天府軍事和行政管理重鎮。

清康熙22年，台灣回歸大清版圖，政治中心轉移至赤崁地區。台灣城地位逐漸沒落，任其荒廢，雖然曾在乾隆至道光年間，置水師協鎮佈防，並設軍裝局儲備軍火，可惜同治年間，英艦攻台之役，軍火庫遭砲轟爆炸，城垣亦慘遭摧毀，頓成廢墟，僅留下古榕交錯的外城南牆斷垣殘壁和斑駁的軍裝局古碑，以記錄這段滄桑歷史。

清光緒元年，沈葆楨修築億載金城，便取王城磚石砌築營門邊牆，讓古

堡雪上加霜，幾成瓦礫，光緒21年
日本據台，終將台灣內城剷平，四
周施以紅磚舖繞，形成今日磚製平
臺，並在城址建造海關宿舍，隨後
又改建為新式洋樓；民國64年台南
市觀光年新建白色瞭望塔，並將台
灣城史蹟資料，和安平地區開發史
料文物，陳列於洋樓改裝之展示室
展覽。

安平古堡內蒼茫斑駁的台灣城殘蹟。

　　此外又設立鄭成功紀念銅像和安平
古堡紀念碑，並移置二門嘉慶19年台灣
水師火砲，置於古堡舊址紅磚平臺上，
建構了今日所見蒼茫的安平古堡印象，
但和荷據時期之古城相較，已是面目全
非，只留下院落裡樹冠交織的參天老
樹，一口古井，以及爬滿古榕氣根交錯
之斑駁古城遺跡，與厚實的拱形稜堡磚
牆和無法磨滅的歷史地位，成為國家核
定之一級古蹟。

只留下古井，及斑駁古城遺跡，與厚實拱形稜堡磚牆和無法磨滅的歷史地位。

　　近年國內考古學者，陸續在古堡遺
址，仔細開挖，期待在後
續考古挖掘過程，有機會
更深入了解古堡建築奧
秘，並進行比對研究，以
發現更多歷史真相。

市8鄉道　安北路　　　　　安
國勝路　古堡街　　　北
安平古堡　　　　路
天后宮　　延平古街
小砲台　　安平路　　　往台南市區

交通資料：
下中山高仁德交流
道，東門路接府城
路、開山路轉民生
路經安平路至安平
區古堡街。

160

台南四草砲台

大眾廟富麗堂皇，廟內主
祀鎮海元帥陳澤，是拜訪
四草砲台最佳地標。

等　　級：二級古蹟
創建年代：清道光20年（1840年）
古蹟位置：台南市安南區顯草街381號

　　四草砲台原名鎮海城砲台，坐落在昔日臺江內海河岸，和對岸安平小砲台，

　　互為犄角，同為道光年間，固防安平古城海域一帶，極為重要的防禦設施。

　　四草砲台，肇建於清道光20年，為台灣兵備道姚瑩，在中英鴉片戰爭後，唯恐英軍船艦大肆進入台灣河口恣意攻擊，釀成重大傷亡和損失，於是未雨綢繆，主動針對台灣十七處重要海口防衛力量和潛能，向朝廷提奏「台灣十七設防圖說狀」，以取得制敵機先優勢，避免戰事延燒肇禍。

　　奏准後，為防英軍進犯台灣，即刻展開砲台建置工程，初建時極為簡陋，僅以竹簍裝滿土砂，層層堆疊，組合成臨時性砲台代用，墩外再浚鑿壕溝，增強防禦作用，後來才逐漸更易為磚石結構牆垣，並設立十餘座圓形磚砌砲口，成為扼守臺江內海，和海口河岸，最堅強的防衛堡壘。

　　隨著滄海桑田，地理環境不斷變化，臺江內海面臨淤積窘境，原本位於海岸邊的四

廟後有座「海靈佳城」存
放當年戰歿的荷軍遺骨，
擁有獨特歷史地位。

四草砲台，如今竟然成了
鎮海國小操場低矮的外圍
牆，常為遊客忽略。

大葉雀榕氣根盤繞的石牆，台灣首見的圓形砲孔已貼近地面，景象珍奇。

冬季寒風颯颯，紅樹林綠葉落盡，流露蕭瑟風華。

草砲台，卻已距離海岸十分遙遠，如今竟然成了鎮海國小操場低矮的外圍牆，只留下經常為遊客忽略，一道百餘公尺讓大葉雀榕氣根盤繞的石牆，也是台灣首見的圓形砲孔，景象神奇，默默見證砲台經歷的臺江血淚風雲。

四草砲台斜對面，有座堂皇華麗的大眾廟，廟內主祀鄭成功座前武將鎮海元帥陳澤，曾協助國姓爺殲滅荷軍數百人，居功厥偉，廟後另有座「海靈佳城」存放當年戰歿的荷軍遺骨，擁有獨特歷史地位，此外廟方還蒐藏巨大鯨魚骨骼標本，值得遊客深入欣賞。

大眾廟西面和砲台西北方，更擁有廣達3公頃多的珍貴紅樹林，已被納入四草紅樹林生態保護區，就算冬季寒風颯颯，紅樹林綠葉落盡，亦流露不凡的蕭瑟風華，道路旁即可輕鬆觀賞紅樹林獨特生態系統，不宜忽略了。

交通資料：

自國道1號合南系統交流道，轉國道8號西行，至終點，接合17甲省道（海伲路），轉安中路，再左轉本田街三段，抵四草顯草街一段四草砲台。

盤根錯節古榕盤據石砌牆垣，默默見證砲台經歷的臺江血淚風雲。

台南孔廟

大成殿為歇山重簷無柱廊
形式，出簷較淺，外觀樸
實，更顯威嚴。

等　　級：一級古蹟
創建年代：明永曆19年（1665年）
古蹟位置：台南市中區南門路2號

　　台南孔廟為全台第一座孔子廟，擁有「全臺首學」美譽，是明末鄭成功參軍陳永華於明永曆19年（1665年），積極倡議興建，除宣示正統的中國儒學文化，也擁有安撫民心作用。

　　台南孔子廟，又稱文廟或先師聖廟，建築宏偉，初建時雖已擁有左學右廟格局，但廟堂簡陋，聖殿外僅有兩廡和明倫堂，直到清康熙51年臺夏道陳璸，見廟宇殘破，首度倡議大規模重修增建，總算讓府學配置更趨完備。

　　乾隆41年（1775年）知府蔣元樞上任拜謁聖廟，見廟貌年久失修，決定捐資重建，並於東大成坊對面，增建泮宮石坊，讓當時參謁孔廟

明倫堂為帶軒亭的敞開式學講堂，兩側清代古碑，是研究台灣孔廟文化珍貴古蹟。

者，必定經由泮宮坊進入廟區，也成了國內所有孔廟獨一無二附設的牌坊古蹟，復經此次增修，台南孔廟格局已達今日所見規模與形制。

　　清代中期，雖有數次整修，但多謹守原有格局風貌，進行修繕，民國初年再度大規模興修，拆文昌祠和朱子祠，欞星門亦不

文廟建築，首進有台灣最早
設立之孝子祠和節孝祠。

幸坍塌，不再修復；戰後孔廟斷
垣殘壁，滿目瘡痍，更形同廢
墟，民國36年省主席魏道明，再
度重修，總算讓聖廟重現氣宇非
凡的府學風華。

　　孔廟是台南市中區最具親和
力的遊憩空間，從清晨到夜晚，
總有許多遊客或居民留連，尤其
早晨，孔廟前庭，空氣清新，古
榕樹下，更聚集了不少熱愛運動
民眾，不論舞蹈、武術、晨操、
氣功，皆在沁涼樹蔭下，熱烈迎接美麗一天。

　　孔廟入口門牆邊，鑲嵌一面鐫刻漢滿文下
馬碑，以示尊崇，尤其東大成坊燕尾脊門樓，
高懸「全臺首學」匾額，更宛如台南孔廟的入
口標記，令人印象深刻；進入孔廟前埕，祇覺
綠蔭蔽天，清爽舒適，大榕樹前方，便是半月
形泮池，池壁還鑲嵌一塊「思樂泮水」古碑，
碑文語出詩經，詞意優美。

燕尾兩端豎立藏經筒，又稱
通天筒，垂脊則飾鴟鴞，以
示孔聖有教無類精神。

　　廟庭間巍峨矗立兩座燕尾脊門樓，東側稱
「禮門」，西為「義路」，眼前綿亙的傳統閩南式
建築，便屬「左學右廟」的主體建築空間，東
側為明倫堂，也是清初府學所在，首進為名宦
祠和鄉賢祠及其前殿「入德之門」，左右側門亦
名「聖域」「賢關」，外觀為硬山燕尾，裝飾淡雅，為府學後進學習之門。

　　走進明倫堂，內庭花木扶疏，兩側豎立有清代高大古碑，是研究台
灣孔廟文化的珍貴史蹟，明倫堂為帶軒亭的府學講堂，壁面嵌有乾隆年
間，由趙孟頫以蒼勁書法撰寫的「大學」全篇，與數面古老的碑匾文物，
尤其台灣府學圖碑，可以比對孔廟今昔格局，極為珍貴。

　　明倫堂東側為文昌閣，外觀形態屬三層式攢尖頂八角塔，底層為四
方形，第二層圓形，象徵天圓地方，隱喻為人處世道理，整體建築流露濃
郁的吉雅風貌，環境清雅靜謐。

　　西側為文廟主體建築，採回字形三殿格局，首進有孝子祠、節孝
祠，以及大成門，又稱儀門或戟門，面寬三開間，走進大成門，宏偉氣派
且莊嚴肅穆的大成殿，巍峨聳立，廡殿為歇山重簷無柱廊形式，下簷以斗

栱支撐，出簷較淺，外觀樸實，更顯威嚴。

大成殿坐落在高聳台基之上，以示對孔聖尊崇，前方設丹墀，亦名月台，是祭孔時跳佾舞的地方，月台前設巨大雲龍御路石，壁面四個角落，更雕有「四藝」琴棋書畫圖案圍繞，十分少見，月台圍欄轉角處嵌立小石獅，並設有螭首石雕洩水口，圖案拙樸吉祥，意境深遠。

屋頂脊飾雙龍護塔，燕尾兩端豎立一對藏經筒，又稱通天筒，殿內石柱並無傳統楹聯題字，兩端垂脊屹立對稱排列的惡鳥「鴟鴞」，以示孔聖有教無類精神，角簷下方設垂鐸裝飾，極具傳統特色；殿內奉祀至聖先師孔子神位，兩旁附祀四配、十二哲，並高懸清代自康熙皇帝以降，迄光緒皇帝為止，總共八座御賜珍稀古匾，以及民國後各任元首署名匾額，見證了孔廟的崇高地位。

後殿崇聖祠，原為啟聖祠，奉祀孔氏五代父執輩神位，東西兩廡入祀歷代先賢先儒神位，兩廡分別連接禮器庫和樂器庫，並設以成書院和典籍庫，裝飾樸實無華，更顯得莊嚴肅穆，充分展現清代孔廟建築的藝術文化之美。

| 1 |
| 2 |
| 3 |

1. 學廟庭院之間，矗立兩座中式燕尾脊門樓，東側稱「禮門」，西為「義路」。
2. 東大成坊對面，增建泮宮石坊，成了國內孔廟獨一無二附設牌坊古蹟。
3. 文昌閣攢尖塔頂底層四方，二層圓形，象徵天圓地方，隱喻為人處世道理。

交通資料：
下國道1號仁德交流道，接東門路，經府前路，轉南門路，抵台南孔廟。

廟旁，屹立一座小巧義靈君祠，為昔日英勇赴義的寧靖王侍宦埋骨之所。

台南五妃廟

> 等　　級：一級古蹟
> 創建年代：明永曆37年（1683年）
> 古蹟位置：台南市中區五妃街201號

五妃廟，似廟非廟，是國內罕見墓廟合一的明代古蹟，主祀300多年前與寧靖王一起從死殉國的五妃長眠之所，它見證了時代更替悲劇，也是台灣少數僅存的明鄭時代史蹟之一。

明永曆18年（1664年）寧靖王朱術桂帶著原配羅妃與5位妾侍渡海來台，承襲嗣王鄭經宗藩之禮，居住在鄭經為其營造的寧靖王府（大天后宮前身），迄清康熙22年（1683年），靖海侯施琅率兵攻克澎湖後，即將長驅直入台灣，而鄭克塽也準備和清廷議降，寧靖王深知大勢已去，決定以死殉國，並告知五位妾侍秀姑、袁氏、王氏、荷姐和梅姐，與之訣別，並囑得以改嫁或出家，自

五妃廟，為寧靖王身邊，以身殉主的5位貞節姬侍，合葬之處。

尋生計出路，五妃聞訊痛哭失聲，懇請賜帛，從容自縊殉主，不僅成全了寧靖王的一片忠節，也為明鄭歷史劃下一個淒美壯烈句點。

以身殉主的5位貞節姬侍，合葬於府城大南門外，古地名「魁斗山」荒野，原本墓塋無碑，清乾隆11年，御史范咸巡台至此，見墓塚荒草萋

五妃廟坐落府城大南門外，古地名「魁斗山」墓園，花木扶疏，景緻幽然。

萋，十分荒涼，敬仰於她們的忠貞義節，便為她們建廟立碑，碑銘：「寧靖王從死五妃墓」，乾隆16年和光緒4年並兩度重修，日本領台後，昭和二年（1927年）台南州知事喜多孝治，同時也是愛國婦人會部長，感念五妃從死的貞烈節操，於是倡募得款六千餘圓，修茸擴建墓園，並闢道路，設立紀念碑，讓荒塚古墓煥然一新。

五妃廟，見證了時代更替悲劇，是國內罕見墓廟合一的明代古蹟。

光復前夕，五妃廟附近，遭炮火肆虐，古廟拜亭、廂房受到波及損毀，再度淪入荒蕪悽涼困境，直到民國46年，被省府指定為台灣史蹟，隨即進行修護，終於恢復今日花木扶疏，景緻幽然樣貌。

五妃廟為單進兩護龍式建築，前廟後墓緊密相連，廟貌肅穆莊嚴，單開間的正殿，前方附設拜亭，形制罕見，拜亭屋頂為獨特的歇山馬背形式，兩翼護龍則為水形馬背，原本泥塑出淤不染的荷花山牆，近日重修已經不見。

走進八字短牆拱護的廟門，進入拜亭，正殿內置五妃神像，神案前仍保留清代珍貴石香爐，頂端高懸「貞靈咸著」匾額，背面便是鑲嵌「寧靖王從死五妃墓」石碑，廟內光線陰暗，流露一份凜然氣息，令人肅然起敬。

廟後即為巍然隆起的墓塋，以土石和欄杆圍護，上覆如茵綠草，景致幽雅，右側金龜樹下，還屹立一座小巧義靈君祠，也是昔日英勇赴義的寧靖王侍宦埋骨之所，園內古樹參天，綠竹幽篁，隱然透出安祥恬靜的清幽氣氛，令人悠然神往。

正殿置五妃神像和清代古香爐，並高懸「貞靈咸著」匾額，令人肅然起敬。

交通資料：

下國道1號仁德交流道，接東門路，經府前路，轉南門路，接五妃街，左轉五妃廟。

台灣府城小東門殘蹟

等　　級：三級古蹟
創建年代：清乾隆53年（1788年）
古蹟位置：台南市東區大學路1號

小西門城門樓和殘破小東
門斷垣殘壁，見證台灣府
城淪亡的最大浩劫

　　台灣府城小東門殘蹟，坐落在成大校園，高雅的文學院旁，爲清末府城夯土結構城牆遺跡，乃昔日台南府城八大城門之一，初建於清乾隆53年，後因道路拓寬殘存高近3公尺，長度百餘公尺的古城垣，在歲月摧殘下，古城已大半坍毀，城牆上面，老樹參天，蔓草萋萋，流露悠悠古風，值得遊客親臨感受。

小西門額題「靖波門」以閩南紅磚與夯土牆混合砌築，是研究古城珍貴史料。

　　雍正元年（1723年）台灣知縣周鍾瑄，首度於府治籌建木柵城，周長二千餘丈，城開七門，爲台灣府治築城濫觴，乾隆1年（1736年）始將城門座，改以花崗石修築，並添建城門樓，台灣府城規模，遂逐漸確立。

　　此後古城陸續增修，至乾隆53年林爽文事件平定後，清廷認知建城防禦，刻不容緩，乃諭示建築磚石城牆，並將城門加高，增強防禦能力，可惜礙於磚石取得不易，祇得暫以夯土結構代替，3年後竣工，當時已擁有八座城門樓，台灣府城規制輪廓，至此方大致底定。

小西門磚造城門樓，卻巍然聳立在西城小東門殘蹟上，歷程十分神奇。

成大文學院結合成功湖畔榕園綠地，和校園美麗的百年古榕，風光迷人。

日本領台時期，大正4年（1915年）府城實施市區改正計畫，清代城牆，逐段面臨拆除命運，原城門樓除大東門、大南門和小西門外，均被夷爲平地，成爲台灣古城淪亡的最大浩劫。

府城小東門殘蹟，卻巍然聳立磚造小西門城門樓，常讓遊客如丈二金剛摸不著頭緒，歷程十分神奇；原來小西門位於今西門路和府前路口，民國57年道路拓寬時，爲了保留古城樓，不得已先行拆毀城樓，再搬遷至現址原貌重建，終於形成今日小西門矗立在東城牆的有趣景象。

小西門外門額題「靖波門」，內門鐫刻「小西門」以閩南紅磚與夯土牆建構，半圓拱形城門洞內，鑲嵌一面示禁碑，碑文：「欽示，農商負販，車牛往來，不許兵役勒索，特示，道光28年」，是研究古城文化的珍貴史料。

成功大學是台南市最著名學府，昔日爲日本軍部的文學院歐風建築，結合成功湖畔榕園綠地，以及校園間遍佈盤根錯節的百年古榕，氣象萬千；這廣茂的綠色樹群之間，情境幽雅，常見學生埋首苦讀，自然也成爲浪漫情侶和學生，連繫感情和友誼的絕佳場所。

🚗 交通資料：

下國道1號仁德交流道，走東門路，經迎春門，接勝利路北上，至成大校園內小東門殘蹟。

昔日爲日本軍司令部的文學院歐風建築，位在小東門殘蹟旁，不宜錯過。

小東門遺址為清末府城夯土城牆遺跡，雖長滿大樹，結構依稀可見

台灣府城大南門

台灣府城大南門為台灣唯一倖存，仍保有外郭甕城，擁有獨特歷史地位。

發現台灣古蹟
Taiwan easy go

等　　級：三級古蹟
創建年代：雍正元年（1723年）
古蹟位置：台南市中區南門路
　　　　　32-1號後面

台灣府城大南門為清代早期通往鳳山縣治要道，防禦地位相當重要，因此增建外郭半月形城門，以利駐軍防禦，也是目前台灣唯一倖存，仍保有外郭的甕城，擁有獨特的歷史地位。

雍正元年（1723年）台灣知縣周鍾瑄，首度於府治籌建木柵城，周長二千餘丈，城開七門，為台灣府治築城濫觴，12年後，福建總督郝玉麟，再於木柵城外，環植刺竹，以強化防禦功能。

乾隆1年（1736年）始將木柵城門座，改以花崗石疊砌修築，並添建城門樓，台灣府城規模，遂逐漸確立；此後古城陸續增修，至乾隆53年林爽文事件平定後，清廷總算認知建城防禦，刻不容緩，乃諭示速築土埆城牆，並將城門加高，增強防禦能力，3年後竣工，已擁有八座城門樓，台灣府城規

內、外城門洞，方位不在同一軸線上，應是基於風水考量，和防禦需求。

乾隆元年，以花崗石重新修築，並添建城門樓，始呈現今日樣貌。

制輪廓，已大略成熟。

　　道光15年（1835年），張炳之亂平息後，於原城門外，復添建外郭月城，始呈現今日甕城樣貌。

　　日本領台時期，大正4年（1915年）台南府城實施市區改正計畫，清代城牆，逐段被拆除，原城門樓除大東門、大南門和小西門外，均被夷爲平地，成爲台灣古城淪亡的最大浩劫；隨後大南門遭違建戶占用，民國51年因年久失修，又遭逢颱風侵襲，而嚴重損毀，延至民國67年，始依舊貌以鋼筋混凝土重建完成，列爲國家三級古蹟。

　　大南門甕城，坐落在綠樹掩映的南門公園內，城門基座以花崗石疊砌而成，外城門額刻「大南門」，城牆馬道前方修築有白色女兒牆，和磚砌雉堞；內、外兩城門洞，皆爲半圓拱狀，方位卻不在同一軸線上，應是基於風水考量，和防禦需求。

　　內城頂端爲歇山頂兩層式城門樓，半圓拱門洞額刻「寧南門」，厚實黝黑的城門洞內，鑲嵌一面道光28年（1848年）示禁碑，模糊碑文略述：「欽命…，農商負販，車牛往來，不許兵役勒索，特示」默然見證著清代朝吏的廉節瑕疵，和墮落文化。

　　大南門甕城，已規劃爲小公園，園區內結合蒐藏台灣府城歷代重要史碑之南門碑林，和日治時期興建的台南放送局歷史建築，是研究台灣清代歷史和近代社會文化的珍貴史料，不容錯過。

碑身高大的乾隆55年，改建台灣府城碑記，就坐落在繽紛的南門碑林中。

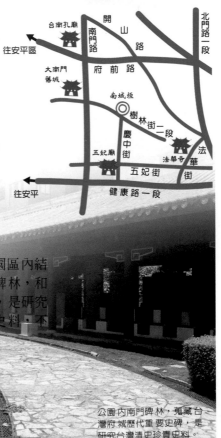

公園內南門碑林，蒐藏台灣府城歷代重要史碑，是研究台灣清史珍貴史料。

交通資料：
下國道1號仁德交流道，接東門路，經府前路，轉南門路，抵台南大南門甕城。

台南開元禪寺

開元禪寺，原為明鄭領台時期嗣王鄭經創建的承天府行臺，又名「北園別館」

開元禪寺，創建於明永曆34年(1680年)，原為明鄭領台時期嗣王鄭經創建的承天府行臺，又名「北園別

等　　　級	：二級古蹟
創建年代	：明永曆34年（1680年）
古蹟位置	：台南市北區北園街89號

館」，俗稱洲仔尾園亭，位在古名三分子的曠野之間，佔地廣闊，四周茂林修竹，古樹濃蔭，環境清幽雅靜。

清康熙25年（1686年），分巡臺夏兵備道周昌，見此處風物恬雅，於是增建亭臺，粧添勝景，4年之後，復由分巡臺夏兵備道王效宗和鎮守台灣總兵王化行，偕手大肆修葺為三進合院式建築，並首度更名海會寺，至乾隆43年時，已擴大格局成為四殿式大型寺院，並購置田園數十甲，作為禪寺香燈田產使用。

清代中葉之後，又經過多次整修，一度改名「海靖寺」，直到嘉

禪寺佔地廣闊，古樹濃蔭，清幽雅靜，為台灣清代早期殿宇最宏偉的佛寺

慶元年，再由燕北哈當阿提督大規模整建，並改名「開元禪寺」，同時賜贈「不二法門」「三寶殿」和「彈指優曇」匾額，成為台灣當時殿宇最宏偉的佛寺之一，也是府城最知名的禮佛攬勝絕佳去處。

開元寺，殿宇寬敞，格局恢弘，首進三川殿前埕兩側雄踞兩棵菩提樹，左側設

碑亭，記錄著開元寺早年開山創寺沿革古碑，此外還有蒼翠蓊鬱古榕近十株，景象幽深；前殿為早年傳統入口，橫向面寬七開間，屋頂為硬山燕尾式建築，紅瓦飛簷，脊飾雙龍護塔，簡樸素雅，門神彩繪以佛寺護法「韋馱、伽藍」和「四大天王」為題材，神韻生動，線條流暢，為府城名師蔡草如名聞遐邇的代表作品。

門神彩繪以韋馱伽藍和四大天王為題材，神韻生動，為府城名師蔡草如的作品。

三川步口木雕彩繪極為古樸精緻，立面中央門扇兩側牆堵和窗櫺，更是欣賞焦點，頂板為精雕花鳥圖案，身板則是傳統賜福螭虎團窗，裙板則以仁獸麒麟和犀角杯裝飾；窗櫺雕飾題材屬於多元吉祥圖案組合的博古圖，左窗代表「平安賜福如意」，右窗則是「多子多壽招祿」，寓意深遠，窗櫺兩側古字楹聯，亦極具文韻特色，令人激賞。

窗櫺博古圖，左為「平安賜福如意」，右窗則是「多子多壽招祿」，寓意深遠。

此外三川步口廊楹聯題字，採用多元古體字，創意十足，尤其左側邊門的竹葉體對聯：「寺古僧開雲作伴，山深世隔月為朋」為清代知名貢生林朝英遺墨，益形珍貴。

走進三川殿內，中央頂端高懸光緒年間「小西天」匾額，入內即被左右兩尊巨大的護法神像震懾，這也是清代早期寺廟才有的做法，據說仍為清代原貌，值得細心保護。

第二殿主祀彌勒佛和四大天王，故又稱彌勒殿或天王殿，殿內中央高懸「彈指優曇」匾額，前廊置碑記，正殿供俸

三川殿內，高懸「小西天」匾額，為光緒年間重修後敬獻古匾。

開元寺，格局恢弘，三川殿前庭兩側雄筑兩棵巨提樹，為古剎增添幾分禪。

祖胸露肚，開懷大笑的彌勒佛像，傳達了樂天達觀的宗教理念，兩側爲巨大四大天王踩惡鬼神像，氣勢威凜，神態逼眞，極富古意，左右偏殿爲開山堂和淨業堂，後堂牆身嵌有海會寺圖碑，見證古寺的更迭格局。

禪寺經多次修繕整建，新舊並陳，終成爲府城最知名禮佛攬勝去處。

　　第三殿大雄寶殿，主祀釋迦牟尼和文殊菩薩、普賢菩薩，又稱三寶殿，前廊樑下有2尊濃眉大眼胡人正賣力抬著圓杉，便是俗稱「憨番舉大杉」，造型可愛，殿內置高大的鐘、鼓文物，其間古老銅鐘完成於康熙34年，至今已300多年，極爲珍貴。

　　大雄寶殿和大士殿之間，設拜亭，屋頂有造型突出的火形山牆，扶疏園林間，豎立「明北園別館遺址」柱碑，一樓中央爲正殿，二樓簷廊門楣高懸「不二法門」古匾，左右偏殿則設鄭王殿和地藏殿，最後一殿，因拆除重建並不具古蹟保護資格，但後園裡仍有鄭經井、七絃竹和「詩魂」石碑，與圓光寶塔，等歷史文物，以及蒼翠蓊鬱的樹林，引人駐足留連。

三川殿左側設碑亭，豎立多面開山創寺古碑，記錄著開元寺古老的滄桑史。

🚗 交通資料：

（1）下國道1號仁德交流道，接東門路，經林森路二段右轉，過開元路，接上北園街不久即抵開元禪寺。

（2）下國道3號永康交流道，接合1省道中正南路，左轉中華路，接中山南路右轉，再銜接開元路，右轉北園街不久即抵開元禪寺。

台南法華寺

文衡帝君殿，神龕頂端懸掛，同治元年「莫不尊親」古匾和一面光緒年匾額。

等　　級：三級古蹟
創建年代：康熙23年（1684年）
古蹟位置：台南市中區法華街100號

　　法華寺，原為追隨鄭氏渡海來台，學養精深的明末舉人李茂春，在台隱居的茅廬園林故址，別名「夢蝶園」，係其好友，明鄭諮議參軍陳永華為他題名，自明鄭以來，迄創建寺院，這裡都是文人雅士吟詠詩詞，流連忘返之處，洋溢著濃濃的文風氣息。

　　「夢蝶園」在李氏生前虔心修佛期間，即奉祀準提觀音，以蒔花誦經終老，李氏身後，僧人入居，依奉祀主神，更名「準提庵」。

　　法華寺，與開元寺和竹溪寺並稱為府城三大古剎，當年據說為保存這處明鄭遺老，充滿文人氣息的古蹟，最早由台灣知府蔣毓英於康熙23年（1684年）倡議，將李氏故居改建佛寺，並撥給寺後二甲餘土地，作為寺院香燈，同時易名「法華寺」迄今。

清嘉慶5年間「夢蝶園記」碑，見證了法華寺另一段滄桑歷史。

　　康熙47年鳳山知縣宋永清首度增建前殿附祀火神，並修築後院

法華寺，原為明末舉人李茂春，在台隱居的茅廬園林故址，別名「夢蝶園」。

天王殿門神神荼鬱壘，手持斧鉞，同樣是彩繪名師潘麗水作品，神韻生動。

禪房和鐘鼓樓，康熙60年府城大地震，殿廊坍毀，寺僧碧天和心覺等人，節衣縮食，近20年，方始在乾隆8年重修完成。

乾隆29年，台灣知府蔣元樞再度整修，並於寺前濬鑿「南湖」，興築半月樓於湖畔，綠樹蓊蔚，寺院巍然，倒映水色，風物迷人，每逢佳節蔣氏便引伴泛舟遨遊，騷人墨客絡繹不絕，自然成為當時知名的府城勝景。

乾隆57年知府楊廷理，復增建關帝殿於寺院左側，更讓法華寺陷入佛、道不分窘境；清光緒初葉，台灣道夏獻綸再度重修寺貌，日據大正3年（1914年），善慧上人應邀發起重建前殿為彌勒殿，並配祀四大天王，3年後陸續增修後殿、功德堂和齋堂等殿宇，大正8年遷「南社」於寺院內，並定期吟詠賦詩，藉以振興府城文風。

第三進正殿奉祀準提觀音菩薩，龕頂「法雨東垂」應係日治大正14年匾額。

日治後期，駐紮寺內的日軍部隊，遭受盟軍猛烈轟炸，致法華寺大半被毀，戰後，民國38年，善昌住持發起重建，雖參考原格局形式，卻以鋼筋混凝土仿木構施工，致降低了珍貴文化價值，僅能劃入三級古蹟，十分可惜。

法華寺坐落在法華街小巷，佔地遼闊，環境清幽雅致，原貌為多殿式左右並連配置之大型寺院，格局宏偉，雕飾華麗精彩，可惜今日幾乎看不到多少繁複艷麗的雕飾，

讓古刹黯然失色不少。

現存寺貌為中軸三進三開間，庭院寬敞，前殿原為三川式，今改為硬山燕尾屋脊，兩側八字牆，彷彿展開雙臂迎接賓客，壁堵墨色壁畫出自府城彩繪名家潘麗水之手，仔細觀察，無論筆觸線條或暈染濃淡都有其獨到之處，值得細心品味。

首進天王殿，主祀彌勒佛和四大天王巨大金身塑像，法相莊嚴，門神神荼和鬱壘，手持斧鉞，同樣是彩繪名師潘麗水作品，神韻生動，無論眼神、衣褶或鬚髯線條勾勒，極為細膩流暢，纖毫畢現，氣勢威嚴，十分傳神。

第二進主祀釋迦牟尼佛的「大雄寶殿」，左側殿供奉文衡帝君，神龕頂端懸掛，同治元年「莫不尊親」古匾，右側殿為火神廟，另側則為功德堂，奉祀創寺有功名士和夢蝶園主人李茂春祿位。第三進正殿奉祀準提觀音菩薩，左後殿為齋堂，右後殿為南社聚賢堂，前方築設古意盎然的木構石造橋亭，並配置植栽盆景，風光宜人。

夢蝶園舊址，今僅剩寺院左側納骨塔一小部分，園內荒煙漫草，背面遺留一口古井，並珍藏不少石碑，如「開教石虎」墓碑以及「重修法華寺碑記」和清嘉慶5年「夢蝶園記」碑，見證了法華寺另一段滄桑歷史，默然屹立在七層古塔前方，令人不勝唏噓，思古幽情不禁悠然而生。

1
2

1. 墨色山水為彩繪名家潘麗水作品，筆觸線條及暈染工夫獨到，值得細心品味。
2. 第三進南社聚賢堂，前方築設古意的木構石造橋亭，風光宜人。

南城垣
樹林街一段
慶中街
五妃廟
五妃街
法華寺
法華街
健康路一段

高雄市玫瑰天主堂

天主堂，為哥德式歐洲風格建築，兩側八角形衛塔和仿石扶壁，線條優美。

等　　級：歷史建築古蹟
創建年代：昭和3年（1928年）
古蹟位置：高雄市前金區五福
　　　　　三路151號

玫瑰天主堂為2001年台灣歷史建築百景選拔，獨占鰲首，最受歡迎的一處美麗浪漫文化古蹟。

玫瑰天主堂，全名為「玫瑰聖母主教座堂」，地位僅次於羅馬梵諦岡教廷，最初由西班牙道明會士郭德剛，於1858年，自馬尼拉經廈門來台創立。

教堂盡頭為圓弧形祭壇，百餘年歷史的聖母聖子像，依舊流露莊嚴神聖風華。

清咸豐8年，天津條約開放台灣淡水和打狗港為貿易通商口岸，並開放宗教交流，欽准設立教堂傳教，次年郭神父即偕同洪保祿4人，自打狗港上岸，並以上岸日5月18日，為台灣天主教開教紀念日。

郭神父來台不久，便以龍銀62圓，購得現地，搭建簡陋草寮，充作克難教堂，開始艱辛在台傳教生涯，2年後再以土埆磚改建教堂，首度稱為「聖母堂」，同治元年（1862年），再度花費2500圓，採用紅磚和咾咕石，以三合土，拓建聖堂，落成後，自西班牙玫瑰

玫瑰天主堂，為高雄最受歡迎的一處美麗浪漫文化古蹟

178

【高雄市玫瑰天主堂】

省迎回精緻的聖母像，同時更名爲「玫瑰天主堂」。

昭和3年（1928年），李安斯神父鑒於教友增加，老舊教堂已不敷使用，再度捐賞，倡議重建，並以馬尼拉聖道明會教堂，作爲設計樣本，並由教友奉納，同時協助墊土墊高地基，3年後落成使用，即爲今日樣貌。

玫瑰天主堂，爲哥德式歐洲風格教堂，以仿石建材砌建，中央尖頂塔樓垂直而上，線條優美，尖頂下，露台四周並矗立小型十字塔架，左右兩側以八角形衛塔和仿石扶壁裝飾，牆身搭配圓拱窗，與連拱短柱幾何圖案，深具華麗節奏風韻。

聖母亭和開教碑，共同見證了玫瑰天主堂的歲月變遷。

正門入口拱門採古羅馬流行的複合柱式，門楣頂端，浮塑兩位可愛小天使，拱護清廷頒賜的「奉旨」碑，具有獨特歷史地位；門廊天花板，以浮突花草紋飾，牆身則應用白色連續幾何圖案，和綠色十字架，創造出獨特美感，並協調的融入複合式拱窗，及玫瑰窗、彩繪玻璃裝飾，讓教堂散發簡潔明亮的典雅風格。

玫瑰天主堂內部，以鑲金的古羅馬流行柱列，將空間分隔成中殿寬，左右側殿狹窄的巴西利卡式格局，告解室前方，鑲嵌聖經歷史故事，和古羅馬流行柱式，雕飾精彩。

天主堂以仿石材砌建，中央塔樓直上雲際，搭配長拱窗與幾何圖案浪漫典雅。

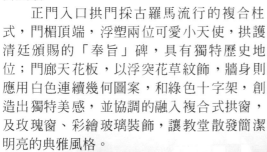

告解室前方，鑲嵌聖經歷史故事，和古羅馬流行柱式，雕飾精彩。

屋頂天花板為裝飾性的拱筋穹窿頂，線條交織，結構優美。

牆身白色連續幾何圖案和綠色十字架，融入複合式拱窗，創造出獨特美感。

屋頂天花板為裝飾性的拱筋穹窿頂，線條交織，結構優美，盡頭處，為圓弧形的祭壇，擁有百餘年歷史的聖母聖子像，依舊流露清新神聖風華，牆身彩繪玻璃透過直射光線，將天主堂粧扮的更為繽紛，在靜穆中隱隱透出活潑浪漫的氣息。

天主堂珍藏文物豐富，除了象徵傳教自由的「奉旨」碑，還有一份百餘年的受洗名冊，與聖母亭、開教碑，共同見證了玫瑰天主堂的歲月變遷，也見證了天主教在台灣宣揚福音的艱辛歷程。

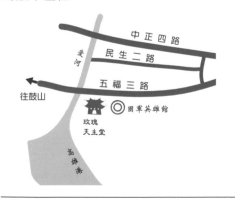

古羅馬流行柱列，將空間分隔成中殿寬、左右側殿狹窄的巴西利卡式格局。

交通資料：
下國道1號中正路交流道，西走中正路，轉五福一路至玫瑰天主堂。

高雄市武德殿

等　　級：市定古蹟
創建年代：大正13年（1924年）
古蹟位置：高雄市鼓山區登山街
　　　　　36號

唐博風式屋頂，頂端置日本傳統鬼瓦，簷下懸魚飾木雕，氣派輝煌。

　　武德殿，坐落於高雄市鼓山區登山街，鼓山國小後門山麓，一棟日本武道館形式紅磚建築，便巍峨聳立於路旁高處，唐博風式門廊前方，還屹立一棵英姿煥發枝葉繁茂的百年古榕，讓武德殿風采，顯得更為氣派恢弘。

　　高雄市武德殿，原名振武館，創建於日本據台時期，大正13年（1924年），隸屬台灣總督府高雄州警務部管轄，館內劃分劍道場與柔道場兩部分，為州廳級高雄武德會支部，主要訓練場館，並定期舉辦演武大會；戰後，一度曾整修為教職員宿舍，可惜不符合傳統居家需求，以致閒置多年，逐漸荒廢傾圮，直到2004年始由高雄市文化局整建完成。

外牆以磚石木構砌造，磚柱頂端，加上「靶心之箭」作為武術圖騰簡潔大方。

　　武德殿為日本傳統演武場建築設計，屬紅色磚牆結構，入口門額高懸「武德殿」，正門採唐博風式屋頂，頂端置日本傳統鬼瓦，簷下懸魚飾木雕，搭配古羅馬塔斯干柱式，柱身採方柱和圓柱，三柱合一形態，底座再結合為併柱變一

唐博風式門廊，搭配古羅馬併柱，讓武德殿，顯得更為氣派恢弘。

日本武道館形式紅磚建築，巍峨聳立於路旁高處，吸引了不少遊客目光。

室內屋架，採交叉組合鋼拱結構，堅固安全。

體設計，風格獨特，氣派輝煌。

外牆以磚石木構混合砌造，上下兩端以仿石結構，中間屋身再以紅磚環飾，並綴飾連續長窗搭配變化，磚柱頂端，則加上「靶心之箭」作爲武術象徵的圖騰裝飾，造型簡潔大方。

室內空間高敞，採交叉組合鋼架結構，地面鋪設明亮的原木地板，一部分並鋪上軟墊，作爲柔道場，展現優雅的大和風貌，四周高大長窗，讓室內可以輕鬆引進充足陽光，同時又具通風透氣特質，營造一處優雅舒壓的習武空間。

武德殿前方百年古榕，灰白色樹幹氣根縱橫交錯，自入口石階旁，石灰岩山壁，扶搖直上，十分醒目，充分流露出熱帶雨林的植物特性，基於老樹有神傳統觀念影響，武德殿老樹身上，便繫滿了祈福木牌，讓斑駁古榕傳達了另一份親切的人文趣味，值得用心觀賞。

交通資料：
下國道1號中正路交流道，西轉中正路接大公路、鼓山一路，注西子灣抵登山街。

室內空間高敞，地面鋪設亮麗原木地板，營造一處優雅舒壓習武空間。

前清英國打狗領事館

前清英國打狗領事館，為
台灣第一座洋樓建築。

等　　級：二級古蹟
創建年代：同治五年（1866年）
古蹟位置：高雄市鼓山區蓮海路18號
　　　　　側哨船頭小山丘上

　　前清英國打狗領事館，創建於清同治五
年（1866年），位於高雄港哨船頭尾稜小山
丘，隔海和旗后燈塔遙遙對峙，地勢險要，
是傳說中，高雄打狗山崩裂成港灣的兩座山
峰之一。

　　打狗領事館為清末英國駐台從事外交、
貿易人員辦公處所，自咸豐10年（1860年）天
津條約訂定後，英人便積極在淡水成立領事
館，隨著商務熱絡進行，同治3年清廷進一
步開放打狗港通商，英國於是加緊佈署，先
在港畔建造倉庫，設立商務辦事處，以促進
雙方貿易發展。

　　同治五年（1866年）正式規劃在台建館，
次年英署領事賈祿，向建造於打狗山哨船頭
之天利行承租洋樓，作為領事館，負責海關
稅務及在台發展商務工作。

　　打狗領事館，為台灣倖存最古老的洋樓
建築，也是外國人首次在台灣正式建造的領

透空的拱廊，最適合啜飲下午茶，
享受浪漫悠閒的情趣生活。

室內牆面裝飾古典羅馬數字時
鐘，優雅迷人。

領事館大型羅馬式拱圈，搭配女兒牆、併柱磚飾，傳達出濃郁歐式浪漫風情。

事館舍，其建築形式格局結合了西洋設計理念和中國傳統建築藝術，也開啓了近代台灣古典洋樓發展之鑰，對台灣近代建築發展，有其獨特而重要的歷史意義。

日據時期打狗領事館，被充作日軍要塞司令部，第二次大戰期間曾遭盟軍掃射，東北端牆面，仍隱約可見彈痕，戰後一度改設氣象測候所，可惜遷離後，館舍任其荒廢，尤其民國66年賽洛瑪颱風過境，更是塌毀嚴重，幾乎化爲廢墟，幸好本土文化意識逐漸覺醒，經重新整修，才恢復舊觀。

領事館爲紅磚、岩石建材，融合西式桁樑大木構架精心打造，佔地廣闊，依山而建，地下層設計有防潮層和通風口，屋頂簷帶頂端設低矮女兒牆，頂冠帶置牛腿栱，正面鑲飾大型羅馬式圓拱圈，角隅則置小型圓栱，且以併柱強化結構，拱圈頂端復加圓形磚飾，以豐富造型變化，傳達出濃郁的歐式浪漫風情。

領事館溫馨優雅長廊，成為遊客最熱門的攝影焦點。

一樓磚砌窗花欄杆底層，嵌設凹凸齒帶飾，並置石板爲面，下設排水孔，以利防潮排濕，底層並設防禦銃孔，拱廊地面舖紅色方磚，側廊則舖設六角紅磚，讓主從空間產生必要秩序和規則。

領事館門窗多採白色百葉窗，古典優雅而且通風美觀。

室內牆面裝飾用色大膽鮮豔的大幅畫作，和造型優雅的羅馬數字時鐘，洋溢濃郁古典英國風，門窗多採白色百葉窗，典雅美觀而且通風，英國人最喜歡

184

室內牆面裝飾用色大膽鮮豔的大幅畫作，洋溢濃郁古典英國風。

【前清英國打狗領事館】

選擇透空的拱廊，啜飲下午茶，享受悠閒的情趣生活，加以四周綠樹蔥蔚，林蔭密佈，視野千里，往西俯瞰浩瀚台灣海峽和西子灣美景，東望舟車輻輳，高樓林立的高雄市區和港灣碼頭風光，令人神清氣爽，心境也輕快不少。

領事館後方為十八王公廟和迤邐的壽山北稜，南側有險巇的雄鎮北門堡壘，緊扼高雄港入口，見證昔日要塞地位，隔海清晰可見旗后燈塔，巍峨聳立於險峻礁崖之巔，可惜領事館前方，正好被一座高大的鐵塔阻攔，破壞了完整視野，這也是美中不足的小小遺憾。

館內規劃有精緻簡潔的陳列展示空間，地下室更將以前關犯人，門戶錯綜的低矮地牢，規劃為地下迷宮，創意十足。

寬敞的館內空間，並配置浪漫的歐式餐飲美食，除展示打狗領事館沿革資料及文史圖片，也幫助民眾了解高雄市熱情的港都文化，提供民眾午後遊憩的絕佳選擇。

1.領事館前，置小型槍堡，盛開的紫紅色羊蹄甲，卻將空間點綴更為花俏悠閒。
2.地下室將以前關犯人門戶錯綜的低矮地牢，規劃為地下迷宮，創意十足。
3.領事館戶外，視野開闊，最適合觀賞西子灣一帶美麗的海岸風光。

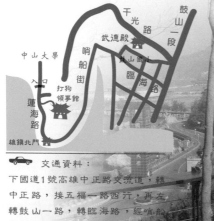

交通資料：
下國道1號高雄中正路交流道，轉中正路，接五福一路西行，再左轉鼓山一路，轉臨海路，經哨船街至打狗領事館。

雄鎮北門

雄鎮北門砲台，原稱哨船頭小砲台，屬於小巧精緻的赫阻性明砲台。

等　　級：三級古蹟
創建年代：光緒元年（1875年）
古蹟位置：高雄市鼓山區蓮海路6號

清代防衛打狗港，爲構成立體交錯的嚴密火網，選在旗後、哨船頭和大坪頂，建構三處涵蓋遠近海域的防禦砲台，雄鎮北門便是和隔海相對的旗後砲台，門楣題字「威震天南」，彼此相互呼應的一處險要砲台。

雄鎮北門砲台，原稱哨船頭小砲台，據清代鳳山縣采訪冊記載，「雄鎮北門砲台，在臨港，扼要處，周里許，營房八間，大砲兩尊……」可以清晰看出原砲台設計，即屬於小巧精緻的簡約格局。

砲台創建，肇因於清同治13年，日本因牡丹社虐殺難民事件，派兵入侵台灣，清廷派沈葆楨來台處理善後，沈氏有感於台灣南部海域防線薄弱，於是奏請興建現代化西式砲台，以鞏固南疆海域安全。

雄鎮北門古砲台，便創建於事件後次年，即清光緒元年（1875年），由唐定奎和

雄鎮北門砲台，主要結構採用紅磚、咾咕石和三合土，以版築疊砌方式建造。

「雄鎮北門」和隔海門楣題字「威震天南」的旗後砲台，彼此相互呼應。

186

王福祿督造，並聘任英國工程師負責設計施工，主要結構採用紅磚、咾咕石和三合土，以版築疊砌方式混合建造，歷時近1年，始全部完工，並在中法戰爭之後，由台灣道劉璈，將古砲改置爲近代阿姆斯脫朗西式大砲。

雄鎭北門，爲清代防衛打狗港，臨海三大古砲台之一，在防衛體系上，屬於近海赫阻性明砲台，砲位極爲顯明，雄據在哨船頭低海崖的石灰岩山地，緊扼打狗港進出口海灣，地位相當重要。

砲台略成不規則橢圓形，面積約200餘坪，地勢傍海處高而險，東側低伏，主要營房，設於南側，而地下庫房和兵舍則坐落在入口坡道旁凹地，中國城牆式樣營門則聳峙於東向入口，採紅磚結構鋪設，牆體頂端設5座雉堞和人行馬道，以利哨兵執行觀察防禦任務，方形門洞額題「雄鎭北門」，泥塑字體蒼勁有力，也是砲台名稱由來。

今日雄鎭北門砲台，城牆式營門，依然屹立，只是違建林立，讓砲台區顯得有些凌亂，但仔細觀察，還是可以輕易發現牆垣上，層層版築痕跡，讓人發思古幽情，尤其佇立牆垣上，最適合近距離觀察巨輪進出海港的忙碌景象，更是欣賞海岸夕陽餘暉的浪漫去處。

城牆式營門採紅磚鋪設，牆頂設5座雉堞及人行馬道，以利執行防禦任務。

雄鎭北門砲台，鄰近新興的哨船頭公園，發展潛力無窮。

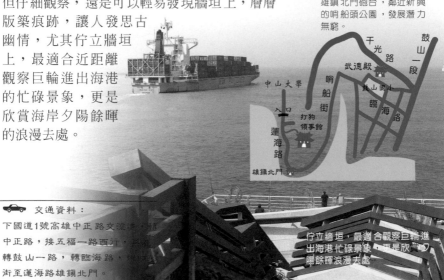

佇立牆垣，最適合觀察巨輪進出海港忙碌景象，更是欣賞夕陽餘暉浪漫去處

🚗 交通資料：

下國道1號高雄中正路交流道，經中正路，接五福一路西行，再右轉鼓山一路，轉臨海路，經哨船街至蓮海路雄鎭北門。

美濃竹門電廠

發現台灣古蹟
Taiwan easy go

美濃竹門電廠，原稱竹子門發電所，為國內少見的產業類國家三級古蹟。

等　　級：三級古蹟

創建年代：明治41年（1908年）

古蹟位置：高雄縣美濃鎮獅山里竹門20號

　　美濃竹門電廠，為國內少見的產業類國家三級古蹟，為日本領台初期，首批規劃建設的基礎工程設施，自然擁有獨特的歷史地位。

　　竹門電廠原稱竹子門發電所，創建於明治41年（1908年），隔年便完工發電，迄今已將近百年歷史，卻依舊維持發電機組正常運轉，可以說是國內最珍貴的活歷史古蹟。

　　持續運轉中的發電所，雖然發電量僅有二千瓦，但導引溪水發電後，送出的尾水，卻可灌溉近5000甲農田，對於美濃鎮傳統農業發展，佔有舉足輕重地位。

　　竹門電廠，由日籍工程師設計施工，運用人力開鑿水路，導引溪水，並應用渾然天成的山勢落差，讓水力沖擊德製法蘭西式渦輪扇葉，運轉發電，成為台灣現代

竹門電廠近百年歷史，發電機組依舊正常運轉，是國內最珍貴活歷史古蹟。

廠區內還保存數座日式宿舍，風情獨具。

化轉型的先驅。

竹門電廠佔地廣袤，廠區綠樹蒼蔚，環境優美，視野十分清爽，前方庭院設有防空壕，角落的樹叢間可發現三座岩石雕刻紀念碑，碑文上清楚說明這是三位日籍工程師殉難之碑，分別在明治43年不幸觸電身亡，另兩位則在昭和年間因病或落水殉職，因此加以立碑，紀念他們對電廠開發與運作過程的貢獻。

白色廠房，搭配幾何圖形通風窗，山牆馬背組合拱圈和變體柱式，獨樹一幟。

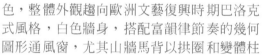

廠內還保留相關操作機具和古老消防器材，成為台灣最具代表性工業遺產。

竹子門發電所廠房硬體設計，亦極具特色，整體外觀趨向歐洲文藝復興時期巴洛克式風格，白色牆身，搭配富韻律節奏的幾何圖形通風窗，尤其山牆馬背以拱圈和變體柱

庭院角落可發現三座殉難之碑，以紀念他們對電廠開發與運作過程的貢獻。

式組合，再綴飾圓窗與矩形窗，更顯得明快自然，此外還保留不少相關操作機具和附屬器材，成為台灣最具代表性的工業遺產，價值不菲。

整座竹子門電廠，隱蔽在悠悠山林之間，廠區內還保存數座日式宿舍，風情獨具，四周植物茂盛，綠意盎然，其間以罕見人心果最獨特，訪古之際，又有機會親近美麗的自然生態，更讓不少旅人心動。

往美濃

竹門橋

往大龜

28

竹門發電廠

竹門發電廠

雨中的竹門電廠，雲霧輕擁，卻也別具風韻。

🚗 交通資料：

下國道3號田寮交流道，接台28省道東行，注田寮旗山方向，經美濃抵竹門橋，右轉竹子門電廠。

鳳山縣城殘蹟

發現台灣古蹟
Taiwan easy go

等　　級：三級古蹟

創建年代：乾隆53年（1788年）

古蹟位置：高雄縣鳳山市

（平成砲台）曹公路25-3號

（訓風砲台）中山路5巷8號前

（澄瀾砲台）復興街和立志街口

（東　便　門）三民路44巷28號前

鑲嵌道光年「訓風」石碑的古砲台，已成鳳山著名歷史古蹟。

　　鳳山縣城殘蹟，分布在高雄縣鳳山市境內，原稱鳳山縣新城，和坐落在左營的一級古蹟鳳山舊城，同為清代鳳山縣治所在地，只是新舊有別，地理環境也不一樣，為避免發生混淆，故冠上新城名號，俾有所區隔。

　　鳳山縣城，為清代初葉，南台灣知名古城，亦屬明鄭時期萬年縣治所在，直到乾隆53年林爽文事件結束後，因縣城遭攻破官民死傷慘重，因此協議遷建縣治於今鳳山市轄境之下陂頭街，最初僅環植莿竹，編籬為城，成為鳳山縣新城。

　　鳳山縣新城，城形酷似一隻高統靴，嘉慶9年（1804年），始正式取紅磚、岩塊和咾咕石，興建新城的6座城門，東為「朝陽門」，西門曰「景華」，南門名「安化」；北稱「平朔」，此外還設有東便門曰「同儀

訓風砲台位於鳳山新城東南轉角處，略成弧形，背後寺廟易造成城門樓錯覺。

平成砲台佇立曹公祠後方，為鳳山新城西北角防禦砲台，砲座平整四方。

門」，而另一座北門外郭，由鳳山知縣吳兆麟額題「郡南第一關」，此碑據說仍存在縣政府內，極為珍貴。

道光18年(1838年)，在鳳山知縣曹謹督造下，城門頂端新建美輪美奐的城樓，同時又在城門旁四個角落，增建6座獨立性防禦砲台，並濬深護城壕，以防衛縣治安全。

同治2年(1863年) 6座城門前方護城河上，再度以磚石建材興築船首形橋墩和橋面，供民眾通行，可惜倖存者，今僅剩東便門前方東福橋，並遺留奉祀橋頭土地公的東福祠，和一面「重修東福橋碑記」，默默見證了鳳山新城的滄桑歲月。

鳳山縣城殘蹟，倖存的東便門，靜靜訴說百年前的歷史風華。

隨著光陰荏苒，鳳山縣新城，亦擋不住風霜摧殘，逐漸破敗凋零，加以長年失修，更讓縣城雪上加霜，逐步坍塌，接著又面臨都市計畫實施，鳳山新城終於黯然走入歷史。

目前倖存的鳳山縣城殘蹟，僅餘東便門與平成、訓風、澄瀾三座砲台，巍峨屹立在護城河後方，靜靜訴說著百年前的歷史風華。

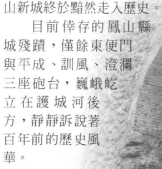

嘉慶9年(1804年)，取紅磚、咾咕石興建的新城東便門，外觀拙樸。

東便門又稱「同儀門」，是鳳山縣新城，今日唯一存在的城門，自然彌足珍貴，主要建材取咾咕石和紅磚、灰土等混合砌造，門洞略小，但拙僕的磚拱城門，則為城內打鐵街通往阿猴古城的道路要衝，地位重要。

平成砲台佇立在曹公祠後方，為鳳山新城西北角防禦砲台，砲座採四方體，突出城牆之外，頂端置女兒牆和砲孔、砲座等防護設施，而後方曹公祠內尚遺留東門和迎恩門額石碑，可能在道光年間修建時，城門曾經更名，仍待求證。

澄瀾砲台坐落鳳山新城西南隅，砲座為八角形多邊體，訓風砲台則位於鳳山新城東南轉角處，略成弧形，道光年「訓風」砲台石碑，便鑲嵌於頂端突出的短牆上，周圍並以灰泥浮塑裝飾，極為討喜，已成為鳳山市著名的歷史古蹟。

1. 曹公祠遺留東門和迎恩門額石碑，可能道光年間修建時，城門曾經更名。
2. 澄瀾砲台頂端鋪設紅磚地坪，置女兒牆，並集中方位設砲孔和砲座。
3. 澄瀾砲台坐落鳳山新城西南隅，砲座為八角形多邊體。

🚗 交通資料：

下國道1號中正路交流道，走中正一路，接自由路、光遠路至鳳山。

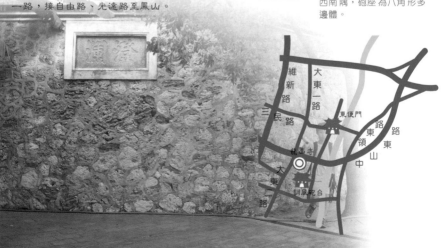

屏東書院

等　　級：三級古蹟
創建年代：嘉慶20年（1815年）
古蹟位置：屏東縣屏東市勝利路
　　　　　38號

孔廟照牆，浮塑「九仞宮牆」
匾，內側鑲嵌古碑，見證書院
古老肇建歷史。

　　屏東書院，即為今日屏東孔廟前身，位於屏東市中山公園體育館北側，始建於清嘉慶20年（1815年），道光二年首度興修，至今已逾190年歷史，曾是阿猴古城朝陽門附近，極具代表性的古老建築。

　　屏東孔廟原址，坐落在阿猴古街東側，即今中山公園旁，是由鳳山知縣吳性誠，歲貢生郭萃及林夢陽，倡議募建，規模達36間，可惜受制經費短缺，僅以素雅雕飾呈現，隨後再經蕭啟元協助募款，為書院增飾華彩，讓整棟閩南式傳統建築，散發一股濃郁的文風色彩。

前殿以梭柱廊道銜接後殿崇聖
祠，柱列成行，空間寧靜寬
敞。

　　清代早期的屏東書院，配置完整，雕飾簡潔，前殿作為書院最尊貴的講堂，後殿奉祀文昌帝君，與先賢聖人，四周以磚牆環繞出學府的固有空間，院內老樹參天，環境清幽雅靜，營造出古代書院優美的學習空間。

　　光緒6年（1880年），創建1甲子的書院，因年久失修，幾成頹垣斷壁，破敗不堪，阿猴街聞人鄭贊祿再度主持大修，可惜明治28年（1895年）日本領

屏東書院，為今日屏東孔
廟前身，為兩進兩廡合院
式建築，清新優雅。

左右兩側設圓形洞門，通往兩廡和後殿多柱列穿廊，這也是書院特色。

右廂廊道間，還遺留一口廢棄石造六角古井，風貌古樸。

崇聖祠門額，懸掛下淡水縣丞敬獻之「文光射斗」匾，為教育文化歷史珍品。

台初期，廢漢學，故將書院改為孔子廟，同時將書院田產變賣，捐作阿猴公學校獎助學金，自此屏東書院再無多餘資金修繕院舍，只能任由書院傾圮坍塌。

昭和12年，阿猴市街，進行街道改正計畫，日籍市長宗藤大陸，為崇祀孔子，撥款依原貌移建屏東孔廟於現址，次年落成啓用；重建後孔廟，整體配置樸實無華，為兩進兩廡合院式建築，卻同時融合了孔廟和書院的精神格局，寧靜且優雅。

孔廟的前方砌築一座飛簷翹脊式照牆，壁面浮塑「九仞宮牆」匾，顯得莊嚴肅穆，內側牆體上，則鑲嵌了四面古碑，見證書院古老的肇建歷史。

孔廟中央入口設單開間燕尾脊門樓，兩側外牆，裝飾「文」字窗，並在門樓左右山牆各砌小段牆體，頂端築有翼角揚升燕尾，營造獨特的三川式屋頂外觀，極具創意。

走進門樓，外埕庭園廣闊，前殿門廳面寬三開間，採尊貴的一條龍式屋脊，燕尾飛揚，脊飾象徵智慧的摩尼珠與素雅剪黏，左右兩側設一道圓形洞門，通往兩廡和後殿多柱列穿廊，右廂廊道間，還遺留一口石造六角古井，風貌古樸。

前殿內部空間高敞，奉祀大成至聖先師孔子神位，並配祀儒學名

仕四賢五儒牌位，這也是傳統孔廟特色；此外門廊設雕花格扇，前方置簡潔圓柱，雕飾樸實，彰顯孔廟本體建築的素雅和尊貴。

前後殿圍牆設竹節窗，並以梭柱廊道銜接後殿崇聖祠，柱列成行，空間寧靜寬敞，門額和神龕頂端，懸掛道光二年鳳山知縣的「文光射斗」以及嘉慶年「珠囊大啓」古匾，均屬書院內部重要歷史文物，彰顯本質為書院特色，和官建

高大院牆和狹窄長廊，彰顯了書院莊嚴寧靜氣息。

孔廟通常由皇帝元首賜匾原則，有極大區別，也充分展現歷史建築的藝術文化之美，亦屬教育文化的歷史瑰寶，值得細心品味。

斑駁朱柱和簡樸雕飾的柱珠，見證了書院悠遠的歷史。

🚗 交通資料：
下南二高九如交流道，接台3省道南下，注屏東市區方向，經忠孝路，左轉自由路，接中正路直行，至勝利路，再左轉屏東孔廟。

書院單開間門樓，左右山牆各砌揚升燕尾牆體，營造三川式外觀，極具創意。

鵝鑾鼻燈塔

等　　　級：國家公園史蹟
創建年代：光緒8年（1882年）
古蹟位置：屏東縣恆春鎮鵝鑾里
　　　　　鵝鑾鼻岬角前方

歐式白色拱廊辦公廳舍，為明治32年日本將燈塔修護後，陸續增建。

燈塔巍峨矗立巴士海峽和太平洋夾峙海崖平台的鵝鑾鼻史蹟公園內。

鵝鑾鼻坐落於台灣最南端的恆春半島東南隅，古名「沙馬磯」或南岬，原屬排灣族「龜仔兒社」祖居地，直到光緒元年，開山撫番政策開放後，才有漢人入墾，「鵝鑾」二字，便是排灣族語「船帆」之意，為直接音譯命名。

鵝鑾鼻燈塔，高聳入雲，巍峨矗立在巴士海峽和太平洋夾峙的海崖平台之上，屬於墾丁國家公園史蹟保存區，也是日治時期票選的台灣八景之一，今日仍遺留一座當年入選八景紀念碑，燈塔畔曾設立小型日本神祠，可惜戰後已遭拆除殆盡，未留下痕跡。

鵝鑾鼻燈塔，為台灣本島第一座西式燈塔，照明光度強達20餘浬，素擁「東亞之光」美譽，但其創建背後，卻有兩段不堪且慘痛的船難歷史。

清同治6年（1867年），美籍貨輪羅瓦號，在七星岩海域觸礁沉沒，船員搭乘救生筏在鵝鑾鼻附近海域登岸，被排灣族人誤為海盜，慘遭殺害，美國派遣兩艘軍艦前來討

鵝鑾鼻燈塔，盛名遠播，成為學生熱門戶外教學景點。

燈塔周圍砌築銃樓與帶有射口的圍牆和壕溝等防衛設施,以確保燈塔安全。

伐,卻無功而返,美駐廈門領事,也對中國提出嚴重抗議。

接著清同治10年,日本琉球屬島商船,同樣遇暴風雨失去動力,人員漂流到八瑤灣上岸,亦被牡丹社番民殺害,日本便藉題出兵台灣,造成著名的牡丹社事件,這接二連三的海難事件,讓美國積極聯合英、日國家,要求盡速在鵝鑾鼻海岬,建造燈塔,以維護航運安全。

但清朝政府並未積極規劃回應,仍拖延到光緒8年(1882年),才委由英國工程師完成設計,並以償還外國賠款經費興建,由當時台灣兵備道劉璈督造,歷時近二年始完工啓用。

這座燈塔,採用罕見的西式武裝燈塔,作為設計主軸,以防範來自原住民侵擾,並建立自我防衛力量,成為擔負台灣南疆的另類防禦堡壘。

鵝鑾鼻燈塔,外觀略成圓錐狀,挺拔的鑄鐵造塔身,高逾20公尺,分為四層,除底層外,各層均架設槍眼,以確保燈塔安全,並在周圍興築銃樓與帶有射口的圍牆和壕溝等防衛設施,同時鑿儲水池備用,也是

鵝鑾鼻三面臨海,自平坦如茵草原,欣賞湛藍海景,也是一大享受。

鵝鑾鼻燈塔,為台灣本島第一座西式武裝燈塔,擁有「東亞之光」美譽。

鵝鑾鼻為日治時期票選的
台灣八景之一，仍遺留一
座當年入選八景紀念碑。

國內最著名燈塔之一。

　　光緒乙未年日本入侵，
清朝官兵撤出燈塔之際，首
度將它炸燬；明治32年日本
再度將燈塔修護使用，並陸
續增建歐式拱廊辦公廳舍；
二次大戰期間，盟軍亦多次
空襲燈塔，幸好損傷輕微，
戰後逐步修護，終於成為今
日樣貌。

　　鵝鑾鼻三面臨海，環繞
珊瑚礁岩地形，生態環境完整，擁有獨特
熱帶雨林和美麗清澈海域，也是欣賞夕陽
餘暉的浪漫天地，不宜錯過了！

交通資料：

下國道3號南州交流道，左轉接台1省道，至楓港右行
台26省道，經恆春、墾丁，至鵝鑾鼻。

鵝鑾鼻生態環境完整，擁
有獨特熱帶雨林，林投果
便屬當地常見海岸植物。

廣表的鵝鑾鼻史蹟公園背
後，卻擁有兩段慘痛不堪
的船難歷史。

太平洋

船帆石　26

巴士海峽

鵝鑾鼻
燈塔

佳冬蕭家古厝

> 等　　　級：三級古蹟
> 創建年代：道光14年（1834年）
> 古蹟位置：屏東縣佳冬鄉佳冬
> 　　　　　村溝渚路1號

勤業堂正廳，「堂」字居中，以示崇敬，牆身嵌飾仿石螭虎團窗，風格獨具。

　　佳冬開庄於清康熙37年（1698年）是屏東縣臨海小鎮，客家先民早年自萬丹濫濫庄，沿東港溪遷徙移墾，先到南州鄉再越林邊溪，經新埤而至佳冬落腳，屬屏東客籍六堆傳統聚落。

　　佳冬土地肥沃物產豐饒，先民初臨時，發現茄冬樹蒼翠成林，便以茄冬作為庄名；日治時期以諧音易名佳冬庄，隸屬高雄州屏東郡，佳冬鄉開發歷史悠久，自然留下不少古宅，蕭氏勤業堂，便是最具客家人文風味的古厝，也是台灣十大民宅之一。

背面屏門格扇，採用四季花卉牡丹、夏荷、秋菊、冬梅鎏金雕飾，精緻華麗。

　　清康熙年間蕭氏渡台始祖達梅公，經鳳山抵下六根庄定居，初以釀酒、染布致富；清嘉慶5年(1820年)蕭清華復攜子移墾茄冬庄，並經母舅協助，在茄冬庄以「蕭協興號」經營略有所成，不但捐建褒忠碑，亦捐建敬聖亭，並置田產，肇建蕭家宅第。

　　蕭氏勤業堂，採擱檁式結構，是國內倖存的極少數五落大厝，坐落在六根村落

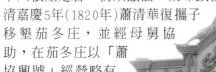

蕭家古厝屬中原客家圍屋形式，首進則為大正9年改建之巴洛克式建築。

第二進前庭寬敞，以八角門和象徵節節高升的書卷竹節窗，與護龍連接。

後方格扇以「賜福迎壽」雕飾，並以「琴棋書畫」四藝綴飾，意境風雅。

正廳祀祖先牌位，神龕裝飾漁樵耕讀木雕，廳內棟對也是客家祖廳基本元素。

，於道光14年（1834年）創建，最初祇是傳統土埆三合院房舍，咸豐10年蕭清華父子經商致富後，便開始增建二、三、四落古厝，由於建材皆來自大陸，輾轉自東港溪河口上岸，再以牛車接駁，運送不便，工程延宕甚久，直到清光緒初葉才全部完工。

蕭家古厝為五落二橫大厝，方位座東朝西，門前竹叢蒼綠，溪水蜿流，為玉帶水吉地，外觀為硬山馬背傳統中原客家圍屋形式建築，首進為日據大正9年（1920年）改建的巴洛克式風格建築，正身五開間，山頭有當年流行洗石子雙獅搶珠泥塑，牆面則綴飾繁複花草，風情獨特。

第二進正廳勤業堂，奉祀蕭氏歷代祖先牌位，前庭寬敞，以八卦牆門和象徵節節高升的書卷竹節窗，與過水廊連接，門廳立面兩側嵌飾一對仿石螭虎團

繼述堂頂堵木雕表現為二段式，題材「士農工商」，雕工精巧。

窗，門額上，客籍族群習慣將勤業堂的「堂」字居中，以示崇敬，神龕兩側裝飾漁樵耕讀木雕，廳內棟對則以唐代百忍堂作為自許學習目標，轉到背面屏門、格扇，採用精緻的四季花卉牡丹、夏荷、秋菊、冬梅鎏金雕飾，十分精緻華麗，這和閩南傳統建築注重門面裝飾風格，背道而馳，或許是族群內斂踏實本性之故。

第三進為繼述堂，廳堂中央置天地君親師神位，十分罕見，此進裝飾以木雕彩繪為主，門楣頂端高懸紅色「繼述」匾額，門框也作花草雕飾，牆身鑴刻精緻螭虎團窗，頂堵木雕表現為二段式，題材「士農工商」，大門為雙摺式，並以素雅彩繪「延壽」「進祿」圖案，和勤業堂

背面仿石雕窗相互呼應，後方格扇身版，則以「賜福迎壽」雕飾，頂板和腰板，並以「琴棋書畫」四藝綴飾，意境風雅，流露蕭家主人高雅品味。

廳後仿石仕女石雕圍，背景以松竹，彰顯客家婦女的高貴的風骨潔操。

第四進明德居，可能作為議事廳，以原木建構，裝飾樸實簡雅；最後一進，則屬日治時期增建之近代建築居住空間，後側方，還保留傳統雅緻的步月門樓，兩邊護龍則以過水廊連接，紅白相間磚牆，穿透感十足。

護龍廂房內，仍蒐藏不少傳統客家文物，作為展示，餐廳內擺設傳統木質廚櫃，和方桌長板凳，流露古意風貌；

明德居，作為議事廳，以原木建構，木雕擺飾，樸實簡雅。

此外廚房內，還鑿有水井，並設小神龕，拜祭灶神，展現客籍民居貼心的傳統設計，整棟古厝宏偉壯麗，隔街西南方角隅，也遺留一座蕭家創建的惜字亭，而佳冬知名的東、西柵門古蹟，亦近在咫尺，值得順道同遊。

交通資料：

下國道3號林邊終點交流道，左轉台17號省道，至佳冬鄉冬根路，左轉注佳冬市區，抵溝渚路蕭家古厝。

餐廳內擺設傳統木質廚櫃，和方桌長板凳，流露古意風貌。

恆春古城

北門城牆保存完整，流露悠悠古風。

北門城牆正對小尖山，為恆春古城主要出入口，磚造雉堞，可見銃孔排水口。

等　　級：二級古蹟
創建年代：光緒元年（1875年）
古蹟位置：屏東縣恆春鎮城北里、
　　　　　城南里、城西里

　　恆春古名瑯嶠，原為下十八番社排灣族世居地社名，明鄭時期即曾駐兵屯墾，直到清代康熙年代以後，劃為鳳山縣轄域，始有大批漢人逐漸入墾近海荒野。

　　恆春古城肇建，起源於同治13年牡丹社事件，日本藉口屬島人民，被牡丹社番民殺害，出兵台灣，最後清廷派船政大臣沈葆楨來台議和，同年12月沈氏履勘瑯嶠地區，並奏准新設恆春縣，同時興建縣城，以鞏固台灣南域海疆。

　　隔年（光緒元年），便由官、民和原

南門是恆春古城四座城門裡，唯一仍保有歇山軒亭的城門樓。

202

恆春古城門，原城門樓和軒亭，已遭拆除，只留下隱約斑駁隱約的陳舊痕跡。

住民共推排灣族首領潘文杰領軍，合力施工，縣城城池略成半圓形碗狀，城周900餘丈，高1丈6尺，依恆春縣志記載，城牆上設城垛1300餘座，另有東、西、南、北四座城門，每座城門頂端各建有城樓，作爲警戒眺望之所，並依照形勢需求附建砲台，加強防衛，城外亦浚深壕溝作爲護城河，是台灣僅存格局形制較完整的清代古城。

築城工事，歷時近四年完竣，花費庫銀達16萬餘兩，城牆採紅磚爲主要建材，並搭配石材、版築夯土結構，同時依堪輿風水傳統，以城內猴洞山爲龍脈所在，嚴選城門方位座向，並設四座懸吊式入口引橋，以強化漢番管理和防禦需求。

縣城牆體厚實，城門座底層以石材爲基，具有防潮、承重的優異性能，原本城樓爲單簷歇山前帶軒亭形式，可惜因年久失修，除南門「明都門」外，均已拆除殆盡，西門和南門均位在商

西門窘迫佇立在狹窄巷弄間，存在格格不入之憾。

磚狀馬道隨著城牆走向迤邐蜿蜒曲，成爲居高臨下，欣賞綺麗風光絕佳瞭望台。

昔日東門城門樓已被拆除，只留下殘蹟。

圈街道旁，因此兩端城牆早已不存，尤其西門更窘迫擠在狹窄巷弄間，存在了格格不入之憾。

東門和北門城牆，是恆春古城保存最完整部分，雉堞綿亙，新舊城牆交織，流露悠悠古風，十分宏偉壯闊；城門頂端匾額，除署名「東門」兩個大字，還有創建年代「清光緒元年季秋月」，原城門樓和軒亭，已遭拆除，只留下斑駁隱約的陳舊痕跡。

城門樓兩側各設一座砲台，雉堞上還遺留射口和花崗石砲座遺跡，寬大馬道則隨著城牆走向，迤邐彎曲，線條優美，成為居高臨下，欣賞中央山脈尾稜綺麗風光的絕佳觀景台，更是台灣極為珍貴的開拓史蹟。

自東門城牆西側，可完整觀察古城，包括紅磚、石材和版築夯土結構。

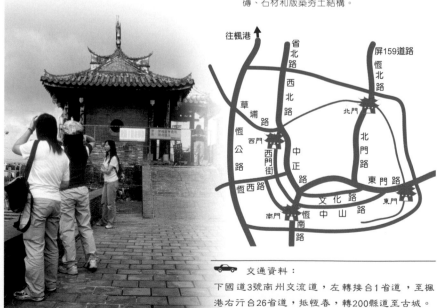

交通資料：
下國道3號南州交流道，左轉接台1省道，至楓港右行台26省道，抵恆春，轉200縣道至古城。

發現台灣古蹟 Taiwan easy go

【本書參考資料】

◎古蹟入門　李乾朗、俞怡萍／合著　遠流出版事業公司出版

◎基隆砲台手冊　劉敏耀／著　基隆市立文化中心出版

◎芝山岩的古蹟　施百鍊／著　芝山嚴惠濟宮出版

◎艋舺龍山寺簡介　台北市艋舺龍山寺／製作　台北市艋舺龍山寺出版

◎暖暖、基隆　廖翊君／著、戴譙琳／攝影　三久出版社

◎淡水　馮文星／編著　三久出版社

◎台灣建築史　李乾朗／著　雄獅圖書股份有限公司出版

◎發現古厝之旅　黃柏勳／著、攝影　黎明文化事業公司出版

◎台灣古蹟概覽　林衡道、陳秀芳／著　幼獅文化公司出版

◎尋台灣史蹟的根　周少左／著　九歌出版社出版

◎蓬壺擷勝錄（1～4冊）　林藜／著　自立晚報社出版

◎六堆客家建築欣賞　劉盛興／著　屏東縣立文化中心出版

◎西螺鎮志　程大學／總主編　西螺鎮公所出版

◎鹿港旅遊精典　黃柏勳／著　文興出版事業有限公司出版

◎和美鎮志　黃開基／主修　和美鎮志編纂委員會出版

◎老大墩新故鄉　葉晉玉／著　台中市文化中心出版

◎台中市鄉土史料　呂順安／主編　台灣省文獻委員會出版

◎台中市志土地志勝蹟篇　王建竹、曾藍田／主修　台中市政府出版

◎慈天宮簡史　慈天宮印行

◎台北古城深度旅遊　莊展鵬、王明雪／主編　遠流出版事業公司出版

◎台北古蹟偵探遊　俞怡萍、吳欣文撰文／攝影　遠流出版事業公司出版

◎台南歷史散步（上）（下）　王明雪、黃靜宜／主編　遠流出版事業公司出版

◎台灣的古道　黃炫星／著　台灣省政府新聞處出版

◎關西　謝榮華／著　三久出版社出版

◎鹿港　黃柏勳／著　三久出版社出版

◎竹山　黃柏勳／著　三久出版社出版

◎**鹿谷** 黃柏勳／著 三久出版社出版

◎**新竹縣導覽手冊** 劉敏耀／著 新竹縣文化局出版

◎**屏東縣文化休閒導覽手冊** 劉盛興／著 屏東縣立文化中心出版

◎**台灣古蹟與文物** 何培夫／著 台灣省政府新聞處編印出版

◎**台灣近代建築之風格** 李乾朗／著 室內雜誌出版

◎**高雄縣鄉土史料** 呂順安／主編 台灣省文獻委員會出版

◎**屏東縣鄉土史料** 蕭銘祥／主編 台灣省文獻委員會出版

◎**高雄市史蹟探源** 楊玉姿／主編 高雄市文獻委員會出版

◎**苗栗史蹟巡禮** 黃鼎松／編著 苗栗縣立文化中心出版

◎**新竹縣鄉土史料** 呂順安／主編 台灣省文獻委員會出版

◎**桃園縣志** 吳鴻麟／著 桃園縣文獻委員會出版

◎**台北縣文化導覽手冊** 林淑芳／主編 台北縣立文化中心出版

◎**林本源園邸摺頁** 李乾朗／著 台北縣政府出版

◎**台灣燈塔圖鑑** 沈文台／文、攝影 貓頭鷹出版社出版

◎**芝山岩的古蹟摺頁** 施百鍊／著 芝山巖惠濟宮發行

◎**認識古蹟日瀏覽手冊** 行政院文化建設委員會出版

◎**新莊慈祐宮沿革簡介手冊** 新莊慈祐宮管理委員會出版

◎**台灣省台中林氏宗廟簡介摺頁** 財團法人台灣省台中林氏宗廟出版

◎**彰化機務段扇形車庫簡介摺頁** 交通部台灣鐵路管理局出版

◎**笨港水仙宮建廟沿革簡介** 笨港水仙宮提供

◎**艋舺龍山寺簡介摺頁** 財團法人台北市艋舺龍山寺出版

◎**台灣陳氏大宗祠德星堂沿革誌** 財團法人德星堂台灣陳氏大宗祠出版

◎**南瀛行腳** 黃文博、陳永芳、涂順從、涂叔君／合著 台南縣政府出版

◎**桃園縣鄉土史料** 台灣省文獻委員會採集組／編校 台灣省文獻委員會出版

◎**台中樂成宮傳統建築之美** 柯富章／總編、謝文賢／編撰
　　　　　　　　　　　　　 財團法人台中樂成宮出版

◎**台閩地區古蹟資訊網** 網址：http://min.cro.cca.gov.tw/

國家圖書館出版品預行編目資料

發現台灣古蹟／黃柏勳著. －－初版. －－臺
中市： 展讀文化，2007〔民96〕面：公分.
－－（台灣Easy go；2）參考書目：面
ISBN 978-986-82157-8-8（平裝）
1. 臺灣 – 古蹟
673.26   96010086

台灣 easy go -02

發現台灣古蹟
Taiwan easy go

EG002

作者/攝影	黃 柏 勳
總 編 輯	黃 世 勳
主 編	陳 冠 婷
企 劃	賀 曉 帆
繪 圖	王 思 婷
內頁設計	王 思 婷 、 林 士 民 、 呂 姿 珊
封面設計	呂 姿 珊
	TEL:0926-758872
	E-mail:lifer001@gmail.com
發 行 人	洪 心 容
出 版 者	展讀文化事業有限公司
	台中市西屯區漢口路2段231號2樓
	TEL:(04)24521807　FAX:(04)24513175
郵政劃撥	戶名：展讀文化事業有限公司
	帳號：2 2 6 1 0 9 3 6
總 經 銷	紅螞蟻圖書有限公司
地 址	台北市內湖區舊宗路2段121巷28號4樓
	TEL:(02)27953656　FAX:(02)27954100
	初版一刷：西元2007年7月

定價350元

（缺頁或破損的 書，請寄回更換）
ISBN 978-986-82157-8-8
版權所有 • 翻印必究